20 CONSEJOS PARA EMPRENDER CON ÉXITO

Reflexiones de un empresario arruinado

Edición de bolsillo 2013

Matías Fonte-Padilla

Para cualquier tema relacionado con este libro puede escribir a:

Matías Fonte-Padilla
C/ Pilar, 21, 4º izq.
Santa Cruz de Tenerife – Islas Canarias 38002 España.
(De momento, no me han embargado esta casa)
Móvil: 00 34 680542622. (Tuve que cambiar mi número de móvil porque la empresa de telefonía convirtió mis puntos usados en euros y no pude pagar la factura, así que cambié de compañía y de número)
E-mail: matias@tamaduste.com

© Matías Fonte-Padilla. Todos los derechos reservados. 2013.
Dibujos y Fotografías: de mis hijos
Primera Edición de bolsillo: diciembre de 2013
Impreso en España – Printed in Spain
(En otros países sale mucho más barato, pero es que este es el mío)
Registro de la Propiedad Intelectual: TF-201-13, 22/05/2013
Depósito Legal: TF-639-2013
ISBN: 978-1-291-51757-6

Me gustaría ganar mucho dinero con él, pero nadie quiere patrocinarlo. No entiendo por qué. Todo el dinero obtenido por la venta de esta publicación irá destinado a pagar mis deudas, y por eso sé que seguiré con deudas toda la vida.

Este libro está dedicado a todos
los que han trabajado duramente
durante buena parte de su vida,
que han pagado sus impuestos,
que han pagado a sus empleados,
que han pagado a sus proveedores,
que han llevado su negocio con dignidad y honestidad.
A todos aquellos que convirtieron su negocio en su forma de
vida, que creyeron que a largo plazo lograrían triunfar.
A todos aquellos que hipotecaron sus viviendas, sus familias
y sus amigos tratando de que su empresa saliera adelante.
A todos los que sacrificaron su vida personal, su relación de
pareja, sus amigos y su familia.
Está dedicado a todos los que triunfaron y lograron, a pesar
de todas las dificultades, dedicar su vida a su negocio.
Pero realmente los que me importan son todos los que hemos
fracasado, los que lo hemos perdido todo, nuestro tiempo,
nuestro dinero, nuestra familia, nuestra forma de vida.
Ahora que estamos atrapados, somos más libres que nunca.

Gracias:
A todos los que, después de arruinarme, me siguen
queriendo y estimando, porque estos son mis verdaderos
amigos y familia.
A los que siguen confiando en mí después de haber lapidado
mi economía familiar y profesional, porque están tan locos
como yo.
A mi madre, porque su fe sin límites en mí me ha mantenido
en la senda de la cordura.
A Chelo por todo su apoyo.
A mis hijos, porque me lo dan todo cada vez que sonríen.
A mis amigos y amigas, por quererme tanto.
A todos lo que lean este libro, porque tienen dentro la chispa
necesaria para superar todas las adversidades.
A los que se sientan identificados con lo que narro aquí,
porque estuvieron tan locos como yo y creyeron en un mundo
mejor. Ojalá sigan pensando igual.
A todos ellos, porque son los únicos que me quedan.

"Construye tu futuro. El camino será duro, pero será tuyo".
Matías F-P.
(Aunque venga alguien y te lo jod… fastidie)

Deja que duerman y disfruten de su infancia. Que felices son. Tú
luchas por ellos. Por un futuro mejor.

INDICE

1. Preámbulo

En este preámbulo cuento mi experiencia como empresario, y como afecta a mi vida personal y profesional. Si crees que no tiene interés leerlo pasa directamente al capítulo siguiente, que no te lo tendré en cuenta. Mi historia es una más de las millones de experiencias de emprendedores y emprendedoras de este país. Pero si lees el preámbulo, entenderás porque he escrito este libro y me conocerás mejor. Que te fíes de mi o no, es otra historia.

Siempre he sido una persona activa. Soy biólogo y profesor, y nunca me ha faltado trabajo. Me gusta escribir y gestionar, lo que me ha dado muchas oportunidades. En mi vida laboral de 15 años he pasado por más de 20 contratos con diferentes empresas y administraciones, y la mayoría me han ido bien, de hecho, me sigue yendo bien. Eso sí, no conozco eso que llaman estabilidad laboral. Jamás me he podido hacer a la idea que puede significar *"saber que vas a trabajar el resto de tu vida en el mismo puesto"*. Creo que no va conmigo. Es más, a esta altura de la película no creo que pudiera acostúmbrame.

Como todos, quería mejorar. Gracias a mis padres tenía un pequeño patrimonio inmobiliario. Y en el año 2006, casado y con dos niños pequeños, pensé que era el momento. La economía española iba a todo trapo, era fácil conseguir dinero, y el consumo de las familias era elevado. Desde hacía muchos años se me había ocurrido que la mejor forma de lograr dar el salto definitivo podía ser montar una empresa que englobara todas las actividades que realizo: cursos, evaluaciones de impacto, etc. Ya había participado en otras y había visto que me era posible ser empresario.

Así que en abril de 2006 me armé de valor, dejé mi trabajo fijo como relaciones públicas en un hotel, pedí dinero al banco sobre una de mis casas, y me lancé a la piscina (bueno, mejor quedaría decir que me tiré al pantano).

Para montar mi tercera empresa me hacían falta socios, así que localicé a un gerente a través de un curso que impartí, y a una amiga que trabajaba de responsable inmobiliaria. Le ofrecí a cada uno un 15% de la sociedad, me quedé con el 70% restante, y yo puse todo el dinero. Por fin la empresa inició como inmobiliaria con obras, reformas, turismo y gestión ambiental en mayo de 2006.

Empecé con 5 trabajadores, pero parecía que iba bien y seguí contratando personal y metiéndome en más reformas. Mi gerente (ese al que le di el 15%), no veía nada claro el negocio, y tampoco aparentemente supo llevarlo bien. Así que me pidió salirse de socio pero seguir trabajando en la empresa, por lo que me entregó las acciones sin cobrarme nada. En marzo de 2007 trabajaban para mí unas 20 personas, tenía dos oficinas y tres reformas de importancia. Mientras crecía, seguía metiendo dinero personal. Eso, junto con un asunto familiar, me obligó a hipotecarme en otra propiedad. Y cuando se me estaba acabando el dinero por fin nos contrataron una reforma enorme que significaba nuestra salvación a medio plazo. Estaré siempre agradecido a esa persona que depositó su confianza en mí para restaurar su edificio.

Obviamente durante las reformas tuve innumerables problemas con los obreros y con un aparejador que me lo iba a controlar todo y que en dos meses me di cuenta que no era el jefe de obra que necesitaba. Pero puedo estar orgulloso de la mayor parte de las obras que realicé. De hecho, hoy en día paso por algunas calles y veo las fachadas rehabilitadas por mí, que continúan estando en perfecto estado.

En abril de 2007 llegó la crisis de golpe. El negocio murió de repente, ya nadie quería comprar viviendas ni reformarlas. Que te voy a contar que tú no sepas. Tuve que cerrar una oficina e ir echando trabajadores lo más rápido que pude. El gerente seguía trabajando como si nada, hasta que tuve que decirle que se había acabado, y entonces me preguntó ¿Ya? La otra socia la tuve que despedir poco después, dejándome sus acciones sin cobrarme nada, acto que también la honra.

No podía cerrar la empresa porque tenía reformas todavía en marcha. Tampoco conseguí una asesoría que me ayudara de verdad, por qué ¿Quién va a ayudar a alguien que no tiene apenas dinero para pagar? Sin poder coger trabajos nuevos, y metiendo más dinero personal, logré terminar las reformas. Me activé en las listas de sustitución de instituto para trabajar como profesor y que me entrara algo de efectivo.

A la hora de despedir al personal, tuve que elegir, o con el poco dinero que tenía los iba liquidando como les correspondía, o pagaba a la Seguridad Social y Hacienda. Pensé en las personas, porque al fin y al cabo tienen familia y los iba a seguir viendo por la calle. Mes a mes se me fue acumulando deuda con las administraciones públicas. En abril de 2007 le pedí dinero prestado a un amigo para pagar las nóminas, y me lo dio. ¡Qué doble error! No he podido devolvérselo todo todavía, y tardaré varios años en hacerlo, pero no he perdido su amistad, lo cual le agradezco enormemente.

Afortunadamente las obras se fueron terminando, fui cancelando a todos los proveedores y liquidando a los trabajadores. Solo los dos últimos no quisieron aceptar mi oferta, me denunciaron y al final cobraron por Fogasa menos de lo que yo les había ofrecido. Y mientras liquidé correctamente a otros obreros que no llegué a conocer bien, perdí a las dos personas en las que realmente confiaba.

En agosto de 2008 me quedé solo. En dos años había pasado de tener dinero y posibilidades de crear un negocio a estar sin empresa y lleno de deudas. A finales de ese año incorporé una administrativa, Yosdaly, que me ayudó bastante con la gestión administrativa del cierre, trabajó fantásticamente.

Por razones personales me divorcié en 2009, lo cual supuso un gasto extra importante (si no te has divorciado no lo sabes bien) y otro problema añadido. Convenio regulador, visitas, manutención, términos que se añadieron a mi vida de golpe.

Tuve que negociar con los bancos para anular la póliza de crédito y convertirla en un crédito hipotecario, hipotecando mi última propiedad libre.

También tuve problemas con algunos clientes, generalmente amigos de la familia o conocidos, como el amigo de mi exsuegra al que después de hacer todo por gestionar su vivienda de alquiler me denunció por estafa, y además no quiso pagarme por los servicios realizados. Afortunadamente en este caso la justicia me ha dado la razón, y hemos llegado a un acuerdo beneficioso para ambos, aunque el daño en el alma ha sido peor que el de la cartera. También tuve un amigo de la familia al que le hice una reforma en 2007, para lo cual me adelantó un dinero, y a medida que se realizó fue saliendo más cara, él fue dando largas para no pagar y al final cuando se la terminé valía el doble y no la cobré. Como dice el refrán *"A perro flaco todo son pulgas"*. Parece increíble que mi empresa, que entre 2006 y 2008 facturó 415000 €, hubiera fracasado de forma tan estrepitosa.

Pero la pesadilla no terminó aquí. La Seguridad Social y Hacienda hicieron expedientes de derivación de responsabilidad, y me imputaron a mí personalmente las deudas de la empresa. Esto ha significado que el resto de mi vida cargaré con la deuda, a no ser que logre pagarla antes. Y para colmo, en una de las reformas más importantes que realicé se le estropeó la fachada en 2010 por fallos del material, todavía con la obra en garantía. Y sin tener ya la empresa fui a ver el desperfecto, di la cara, pero ya no pude afrontar el arreglo. A día de hoy no he podido solucionarlo, la fachada sigue mal, algo que lamento y me pesa, pero no tengo medios económicos para arreglarla.

Y ahora, ¿Dónde estoy? Primero, arruinado. Con tres préstamos hipotecarios de por vida, más los gastos del divorcio. Hacienda y Seguridad Social continuaron persiguiéndome, hasta embargarme todo lo que tengo. Cuando consigo trabajo en un proyecto temporal, la Seguridad Social me embarga parte del sueldo, y ambas me embargan las cuentas todos los meses, pero lo que hago es no dejar mucho dinero en ellas. Cada inicio de mes todo el dinero se me va en pagos, y después tengo que aguantar el resto del mes con apenas nada. Posiblemente tú sabes de lo que estoy hablando, a veces sin dinero ni para gasolina.

Gracias al cierre de la empresa unido al divorcio, toda mi vida cambió, y mis relaciones personales también. Amigos de toda la vida no los he vuelto a ver y algunos supuestos familiares que no me han vuelto a hablar.

He aprendido a vivir de otra forma. La verdad nunca he tenido un alto tren de vida, y nunca me ha importado demasiado. Sigo teniendo el mismo coche desde el 2000, no lo cambié cuando tenía mucho dinero, y espero que me dure muchos años más. Disfruto más con un baño en el mar con gafas y aletas que en un restaurante de lujo.

En la actualidad vivo con mi pareja en Canarias, tengo un pie en Tenerife y otro en Noruega, porque trato de ganarme la vida donde y como sea.

¿Para qué te he contado todo esto? Por favor no pienses que es para que me compadezcas. Lo he hecho porque sé que no soy el único. Miles de pequeños empresarios en España se arruinaron y en la actualidad continúan cerrando sus empresas, y mientras tanto España se sigue hundiendo en una crisis que nadie quiso ver. Y no estoy hablando de especuladores que utilizaron el boom inmobiliario para enriquecerse, a esos que les den, sino de personas que llevaban toda una vida con su negocio (una tienda, un bar, un restaurante, un trabajador autónomo, etc.) y que han tenido que cerrar, no solo por el descenso de clientes, sino porque los impuestos y los gastos sociales se los han comido vivos.

Mientras tanto, los consejeros de los bancos siguen subiéndose los sueldos mientras las administraciones públicas hunden miserablemente cualquier esperanza de recuperación por no soltar la yugular de los empresarios y autónomos, y encima usando los recursos económicos para reflotar a los mismos bancos que nos hundieron.

No quiero que sientas lástima por todas estas personas, empresarios arruinados, incluyéndome. Quiero que sepas que esto que ha pasado ha sido responsabilidad de todos, por el peor de los pecados capitales, la avaricia. Todos mamamos de la teta mientras daba leche, porque los bancos nos daban leche. Mientras todos ganábamos daba lo mismo que el crecimiento fuera artificial, porque era exponencial y todos salíamos beneficiados. Hipotecamos nuestras vidas sin pensar en los riesgos, y el peor de los escenarios llegó sin avisar, porque nadie quería verlo.

Creo que la crisis va a continuar durante muchos años, independientemente de quién gobierne. Los estados seguirán dando dinero a los bancos, mientras seguirán hundiendo en impuestos a los ciudadanos, que verán cómo sus servicios públicos disminuirán en calidad. Los sindicatos, claramente influenciados por los gobiernos de turno, les apretarán un poco pero no demasiado, porque de algo tienen que vivir, tan corruptos los unos como los otros. El paro se seguirá extendiendo como una plaga, mientras más y más familias se irán a la ruina y dependerán de los servicios sociales. Las administraciones públicas y los bancos seguirán embargando nuestras propiedades, para después no poder hacer nada con ellas, y dejando todavía a los propietarios cargados de deudas. La clase media desaparecerá, quedando solamente o los muy ricos o los pobres. Y nosotros, soñando con un sueldo de funcionario, sin darnos cuenta que las administraciones públicas cada vez están peor, y que nuestro sueldo se va a ir igual que entró, convirtiéndonos en esclavos del sistema.

¿Y ahora qué?, ¿Qué podemos hacer nosotros para salir de esta espiral de destrucción económica? Tenemos dos opciones. La primera es seguir adelante, endeudados y sin un duro, y esperar que nuestros gobiernos arreglen este caos. La segunda es movilizarnos dentro de casa, en nuestro trabajo si lo tenemos, en nuestra familia y amigos, y apostar por aquellos que son los únicos que nos pueden salvar, esos locos que se atreven a montar una empresa o a darse de alta de autónomos, y que buscarán huecos en el mercado en los que tener éxito. Porque cuando lo tengan, generarán empleo, riqueza, y distribuirán dinero entre otras personas que a su vez lo gastarán, movilizando la economía.

Y por supuesto, yo apuesto por mantener siempre alta la autoestima, aunque ya te hayas hundido en el lodo, y tomártelo todo con buen sentido del humor. Recuerda a las dos ratas que cayeron en el vaso de leche. Una se rindió pronto y se ahogó, la otra luchó y luchó sin rendirse hasta que de tanto moverse se cuajó la leche, se convirtió en nata/mantequilla y pudo escapar. Mantener el buen humor y la cabeza arriba es fundamental.

Y es esta precisamente mi aportación. Durante mi vida de empresario he tenido muchos aciertos, pero también grandes errores. De ambos aprendí, y me mantuve optimista. Quiero que disfrutes de este libro, y sacarte alguna sonrisa. Quiero que te tomes esta crisis con buen ánimo, como yo lo he hecho. Se positivo, porque es la única forma de poder salir de esta crisis.

Así que ya está bien de hablar de temas serios, y disfrutemos de un rato de buena lectura.

No quiero que mis hijos y nietos hereden este mundo económica y moralmente degradado. Ya van a heredar mis deudas, con eso tienen suficiente. Entre todos podemos ofrecerles que crezcan en un mundo con más futuro. Por favor, ayúdame a conseguirlo. Por un mundo mejor.

Matías Fonte-Padilla.
Santa Cruz de Tenerife, octubre de 2013

2. ¿Por qué me empeño en aconsejarte?

Lo más fácil sería bajar la cabeza, darme vergüenza por haber fracasado y tratar de sobrevivir el resto de mi vida endeudado. Pero no soy así. Creo que aunque he cometido muchos errores antes, durante y después de montar mis empresas, no me siento culpable. Todo tiene su precio, y yo estoy pagando mi penitencia. Eso es todo. Todos somos dueños de nuestra vida, y si tomas decisiones, aunque la decisión sea no hacer nada, tienes que aceptar después las consecuencias, pero eso no significa lamentarte el resto de tu vida por lo que has hecho. Nada de lo que has hecho en el pasado debe condicionarte el futuro. Tú tomas tus decisiones. Nada de lo que te ocurrió en el pasado, ni una mala educación, ni unos malos padres, ni una mala experiencia laboral justifican que tú seas un desastre. Si lo eres es porque ahora has decidido serlo, déjate de excusas y de lamentarte por lo que fuiste o hiciste. En tu mano está tu futuro.

Muchas personas viven en el miedo. Prefieren una realidad segura y tranquila que el riesgo de cambiar. Más del 90% de las personas son así. Su mundo se limita a tener un buen empleo, o simplemente un empleo, y llegar a tener una casa propia, un coche, una pareja. Sus planes de futuro son tener hijos y trabajar duro durante muchos años para finalmente jubilarse para poder descansar.

Pero también hay otras personas, las menos, que pensamos en algo más. Queremos ser autónomos, tener un negocio propio, ser nuestro propio jefe. Expandirnos en el mundo y crear nuestra propia realidad. Y para ello arriesgamos mucho. Buscamos dinero, una asesoría, y damos de alta el negocio. Durante años somos capaces de sacrificar el tiempo libre y todo nuestro esfuerzo para lograr sacar adelante un sueño.

La falta de capital, la falta de clientes, los gastos fijos, los impuestos, todo parece ponerse en contra del emprendedor. Hasta la familia puede no apoyarle, dejándolo solo en el camino. Pero él o ella continúan empeñados en tener éxito. El 90% de los negocios fracasan en los 5 primeros años. Y el 5% restante no sobrevive 10 años.

Y aun así es curioso que todos los años se sigan creando miles de empresas, y otras miles sigan desapareciendo. ¿Por qué? Porque somos muchos los que tenemos algo diferente en nuestro interior. Es una intranquilidad que no nos permite tener estabilidad. Algo que nos dice que tenemos que intentar mejorar, que podemos tener nuestro propio negocio, que estamos mejor siendo nuestro propio jefe. Muchos ya tenemos trabajo, pero no nos satisface. Y podemos pasarnos años antes de ser capaces de dar el paso, y algunos jamás lo dan.

Y cuando por fin nos atrevemos, es como el salto al vacío. Muy pocos alrededor nos comprenden, y muchos menos nos apoyan. Pero la empresa somos nosotros, y nosotros somos la empresa. Se crea un vínculo sagrado que se vuelve irracional, que estará por encima de todo, el cual nos impedirá ver la realidad de nuestra situación. E incluso cuando las cosas vayan tan mal que solo cerrar sea la solución, hasta última hora esperaremos el milagro que nos salve, a nosotros/empresa.

Y si logramos estabilizar nuestro negocio después de muchos años de sacrificio, aun así no tenemos nada. Cualquier hecho ajeno puede hacernos quebrar y tener que cerrarlo. Y si no sucede, y la empresa sobrevive, nosotros iremos envejeciendo, lo que creará otro problema, que es quién continuará con ella, quién sabrá llevarla tan bien como nosotros, que la hemos parido, amamantado y criado. Nadie. Y eso lleva a que la mayor parte de las empresas no llegan a la segunda generación, y mueren junto a su dueño.

Por otro lado, la *"Sociedad del Pelotazo"* es una realidad. Desde siempre los españoles/as hemos tenido la capacidad de aprovechar las oportunidades que nos brindan las desgracias y la ignorancia de los demás para aprovecharnos de ellos y lucrarnos hasta la saciedad y más allá. Durante las guerras nos aprovechamos hasta de nuestros propios vecinos para quitarles sus propiedades, su dinero y su vida. Durante la miseria los estraperlistas y traficantes también se aprovechan de la situación para estafar a los demás.

Y desde el siglo XIX, cuando comenzó la lucha de clases, se ha puesto al empresario o patrón como la figura endemoniada que había que combatir porque significaba el abuso contra el obrero y el poder desmedido. Y por eso surgieron los sindicatos el siglo pasado, para luchar contra estos explotadores. Y ahora vemos como los sindicatos se alían con los gobiernos para seguir ellos subsistiendo mientras los trabajadores se quedan sin trabajo o empeoran su situación laboral, a medida que las iniciativas empresariales se hunden ahogadas por la propia Administración Pública.

Y ahora, aun sabiendo que si alguien se convierte en empresario va a ser el malo de la película, muchos siguen estando dispuestos a ello sacrificándolo todo. En realidad no me gusta llamarlos empresarios, sino *"endeudados"*, porque eso es lo que son. Y son tan testarudos que en España el 80% de los empleos los generan autónomos y pequeñas empresas. Brindo por estos valientes.

3. Los 20 consejos para emprender con éxito.

Son tantas las dificultades que surgen a los que montamos un negocio, y son tantas trabas por parte de las administraciones y los bancos, que lo que realmente se consigue es que las personas busquen la opción más sencilla de resolver su vida, que es ser empleados. Y ya la panacea parece ser lograr aprobar unas oposiciones asegurando un puesto para toda la vida. De este modo se acostumbran a un sueldo mensual, porque es lo que menos problemas da. Pero ¿A dónde les lleva esto a largo plazo?, ¿Podemos ser todos empleados? Pues parece que sí, porque es que lo que se fomenta con tantas dificultades. Pero, realmente, si no hay empresas tampoco hay empleos. Es como si nos mandaran un mensaje directo *"Tú sé un buen empleado y serás feliz"*, y el problema es que muchos lo creen.

Así que ya sabes, tú que tienes el gusanillo de ser empresario, tú que te ves dirigiendo tu propia empresa, que quieres crear riqueza en tu municipio, lo que tienes que hacer es buscarte un trabajo seguro… y ser infeliz el resto de tu vida porque no te atreviste a dar el paso.

Si no te he convencido, y sigues empeñado en controlar tu vida y arriesgarlo todo por un sueño, ¡Felicidades! Te felicito porque eres lo suficiente valiente para querer crear tu propio futuro. Ese camino no será fácil, pero será el tuyo. Hasta que se demuestre lo contrario solo existe esta vida, y hay que aprovecharla en hacer lo que uno realmente desea. Y si tú de verdad quieres ser empresario, perdón *"endeudado"*, que sepas que tienes todo mi apoyo.

Espero que leas detenidamente los siguientes consejos.

Como verás no me he extendido en cada uno de ellos demasiado, porque cuanto más simple sea una explicación más fácilmente se entiende. No te los está ofreciendo un asesor fiscal ni laboral, ni un asesor financiero de prestigio, solo una persona como tú, que ha hablado con otros muchos *"endeudados"* con los que comparte problemas y esperanzas comunes. No esperes tampoco recibir ningún tipo de certificado por leer este libro, porque no es enseñanza reglada, sino enseñanzas de la vida misma. Y por último, no creas que por seguir mis consejos vas a lograr ser un empresario de éxito, lo mismo te estallas como yo o peor. No te puedo ofrecer ninguna garantía, pero si interiorizas mis consejos mejorarás las virtudes imprescindibles para ser un buen empresario/a, como son la paciencia, la resistencia al fracaso, el optimismo, la serenidad, la capacidad de endeudarse, la visión de futuro y la esperanza en un mundo mejor. Suerte, y trabajo duro. Como decía Santa Teresa *"A Dios rogando, y con el mazo dando"*, y te lo digo yo que me considero agnóstico....

Primer consejo: Prepárate para fracasar.

Si deseas montar un negocio tienes que estar listo para fracasar. Los empresarios fracasamos todos los días. Muchas veces todo sale mal, y caes en lo más profundo del hoyo. Fracasamos porque vamos a contracorriente. Mientras otros se empeñan en no hacer nada, nosotros luchamos porque sea posible lo que tenemos en la cabeza. Yo personalmente resisto muy bien el fracaso, y no me siento mal cuando las cosas no salen como espero. Esta forma de ser, sin desesperaciones, sin gritos ni lágrimas, no es muy bien acogida en general. Muchos piensan que si alguien no se expresa significa que no está sintiendo, como si no me importara nada lo que sucede. No es así, lo que ocurre es que si uno mantiene la cabeza fría en los malos momentos, quizás pueda salir antes del hoyo. Va en mi carácter. El tuyo no tiene por qué ser igual, lo que si te recomiendo es que respires un par de veces cuando seas consciente de que algo va mal, muy mal.

Tienes que estar dispuesto a fracasar, y que todo el mundo te diga lo mal que lo estás haciendo, y que te recomienden justo lo contrario de lo que tú piensas. Te dirán que no eres consciente de lo bajo que has caído y lo difícil que están las cosas. No pierdas energía ni tiempo en discutir con ellos, que tus hechos hablen por ti. Y tú, que no te vas a paralizar por haber fracasado, vas a tener que desarrollar dos habilidades.

La primera es levantarte como si nada, y seguir adelante. Nadie te va a preguntar cuántas veces te has caído, sino si has llegado a la meta. Y si triunfas, te envidiarán los mismos que hacían leña de tu árbol caído. Así que levanta la cara, no tengas vergüenza por haber tocado fondo, sacúdete el polvo, y sigue caminando como si nada. La segunda habilidad es aprender de cada fracaso. No dejes pasar esta enseñanza. Aunque duela, tienes que analizar todo detenidamente, ver porque te caíste, y si podrías haberlo evitado. Aprende para que no suceda otra vez. Y ahora que estás abajo, piensa que beneficios puedes sacar de tu nueva situación. Recuerda, si no quieres que suceda lo mismo, no hagas lo mismo. Así que ya sabes, desarrolla tu resistencia al fracaso. No te enojes cuando todo vaya mal, y no pierdas energía discutiendo con aquel que te ha hecho fallar. Simplemente sigue adelante. Líbrate de los malos momentos y de las personas negativas, no pierdas el tiempo con ellas. Solo cuando hayas fracasado cientos de veces serás un buen empresario. Suerte.

Segundo consejo: Tú no eres la empresa. La empresa tiene entidad propia.

Muchos empresarios piensan que son imprescindibles en su empresa. Pero la empresa tiene que tener identidad propia, no puedes ser tú. Si te empeñas en que tú eres la empresa, así lo creerán los clientes, los bancos, los proveedores, las administraciones públicas y actuarán en consecuencia dándote la lata todos los días, a todas horas y en cualquier lugar. Y así perderás tu vida privada, tu dinero privado, tu tiempo personal.

Una empresa tiene un horario de apertura y cierre. Ponlo. Una empresa tiene un lugar físico diferente a tu hogar, búscalo. Una empresa tiene personal que trabaja, busca poco a poco personas en las que puedas confiar, y delega. Una empresa tiene su propio dinero, asegúrate de no mezclarlo con el tuyo. Una empresa tiene asesores, no te empeñes en resolver tú todos los problemas. Informatiza y automatiza todo lo que puedas, de forma que quién quiera información pueda encontrarla sin recurrir a ti personalmente.

Una empresa tiene que ser apersonal, y por eso tiene personalidad jurídica propia. Si tú eres la empresa, la empresa no podrá crecer, porque estará limitada por tus propios límites.

Busca la fórmula jurídica que mejor se adapte a tu proyecto: autónomo, comunidad de bienes, sociedad limitada unipersonal, sociedad limitada, sociedad anónima, etc. Elígela con buen asesoramiento. Piensa en lo que quieres hacer. Quizás para hacer un buen negocio en un momento puntual no te haga falta montar una empresa a medio plazo. Tienes que configurar tu negocio de forma que dependa de ti lo menos posible. Y acostumbrar a esto a los clientes, proveedores, bancos, empleados, etc. Para ello haz que otras personas de la empresa traten con terceros directamente, sin pasar por ti. Aunque las decisiones las tomes tú, no tienes por qué negociarlo y hablarlo directamente. Ten mentalidad de empresario, no de empleado. Así las decisiones serán por el bien de la empresa, no por el tuyo personal.

No te estoy pidiendo que gastes un montón de dinero en todo esto. Ten imaginación y logra separar tu empresa de tu persona de forma barata pero efectiva.

Cuando la empresa vaya bien, que los beneficios se los lleve ella, y cuando vaya mal, que en ella caigan las medidas a tomar. Y siempre preséntate como Director o Gerente, que parezca una empresa de verdad.

La realidad es que estamos completamente limitados. Ir venciendo y ampliando esos límites es lo que nos hará ir creciendo en nuestro negocio. Pero tú no puedes ampliar tus límites físicos. No puedes trabajar 25 horas al día, ni estar en todos los lugares al mismo tiempo, ni participar en todas las acciones de tu empresa. Si piensas así, no solo tu empresa no crecerá, sino que tú te terminarás quemando, quemarás a los demás y no saldrás adelante. Si quieres triunfar tienes que crecer, y para crecer tienes que aprender a delegar y externalizar. Delegar y externalizar en personas o en servicios (una web puede vender tu producto en todo el mundo y a cualquier hora).

Tercer consejo: Ten vida personal.

Uno de los errores más comunes de los nuevos empresarios es que al montar su negocio dedican el 120% de su tiempo y su esfuerzo a la empresa. Se olvidan de su vida anterior y todo el día y la noche viven para el negocio. Si tienen familia ni la ven, y ni que decir de amigos y otros compromisos.

Es cierto que en el inicio cuesta muchísimo ponerla a funcionar, y que hay que realizar esfuerzos sobrehumanos para abrir las puertas el primer día. Y una vez comenzado, todavía quedan meses hasta poder decir que la fase de puesta en marcha ha finalizado.

En esos primeros meses estás como una moto, enganchado al móvil todo el día, contratando con proveedores sobre la marcha, y cabreándote porque parece que los plazos no se van a cumplir. Pero aún en esos momentos, si tienes quién te ayude, tienes que ser capaz de delegar. Te sorprendería la cantidad de gente que te echaría una mano, solo tienes que saber pedirlo.

Una vez que has iniciado el negocio, solo hay dos caminos, o sigues con ese estrés de persona imprescindible para todo, o te relajas un poco y delegas permitiendo que todo no salga perfecto. Yo te recomiendo la segunda.

Si bien es cierto que *"el ojo del amo engorda el caballo"*, también tienes que recordar que la empresa no eres tú. Tienes que tener vida propia. Si no dejas tiempo para tu familia, lo estás haciendo de pena. Si no coges días de descanso, terminarás quemado. Así que ya sabes, cógete el fin de semana y disfruta con tu familia, y durante la semana cumple también con tus obligaciones familiares, porque no hay nada más importante que eso.

Mi primera recomendación es la **planificación previa**. Antes de hacer nada te recomiendo hacer un Plan de creación de empresas, con un estudio de viabilidad. Las cámaras de comercio y otras entidades asesoran gratuitamente, utilízalos. Y si ves que no es suficiente, contrata un servicio externo, pero no dejes la planificación al azar. Haz una lista con todo lo que hay que hacer y trata de seguir el plan. Eso te ahorrará muchas pérdidas de tiempo y dinero.

Mi segunda recomendación es que **tienes que limitar el negocio en espacio y tiempo**. Eso quiere decir que tienes que acostumbrar a los clientes y proveedores desde el principio que hay unas oficinas y unos horarios. Que un cliente no te puede llamar a las 10 de la noche ni un domingo por la mañana. Es tan fácil como tener un teléfono exclusivo para el negocio, y no coger llamadas ni responder e-mails fuera del horario. Si no lo limitas, te estarán dando la lata siempre, y dejarás de tener vida privada. El ordenador del trabajo con todos sus problemas se queda en el trabajo, y cuando llegas a casa tienes tu vida, de la que hay que estar igual de pendiente.

A corto plazo la creación de un negocio, por pequeño que sea, necesita una gran inversión de tiempo. Pero si pasan tres meses y tú sigues corriendo a todos lados sin tiempo para ti, es que algo estás haciendo mal. No te conviertas en esas personas que solo son su negocio, pasan todo el día en él, año tras año, y no se relacionan sino en él. A largo plazo ya no saben la diferencia entre vida privada y negocio, y al mezclarlos, pierden ambos.

Tienes que crear un negocio que funcione de tal forma que si tú te tienes que ausentar, por ejemplo por enfermedad o asunto personal, siga funcionando perfectamente. Para ello es necesario que planifiques bien la empresa y que sepas delegar.

Mi tercera recomendación es que **sigas siendo Tú mismo**. Que disfrutes de tu tiempo libre, de tus hobbies, de tu familia y amigos. Ellos se lo merecen. No vendas tu alma al negocio. Si el negocio termina fracasando, seguirás teniendo a todos a tu lado. Pero si los sacrificaste en pos del éxito de la empresa, cuando fracases y tengas que cerrar, no tendrás nada, estarás solo.

Cuarto consejo: No busques el momento adecuado, sino tu momento.

No existe el momento perfecto para abrir un negocio. Igual que no hay momento perfecto para tener un hijo o enamorarse (en estos casos nos arriesgamos sin tener en cuenta las consecuencias, y menos mal que es así. Si realmente lo pensáramos bien habría menos niños/as y menos parejas en el mundo). Con respecto a tu empresa, puedes tener en la mano un estupendo estudio de viabilidad que te dice cuándo será mejor empezar, pero eso no significa nada. El papel lo aguanta todo. Es imposible saber el futuro, y mucho menos asegurar el éxito de un negocio dependiendo de cuando lo abras.

Hay demasiadas variables que te afectarán antes, durante y después de montar una empresa. Y a veces, cuando eliges hacer algo tan importante como esto, suceden hechos aleatorios que alteran tu realidad de tal forma que ponen en peligro el éxito de tu negocio, y no siempre son hechos negativos. Ese embarazo que no se esperaba, una oportunidad de trabajo que parecía nunca llegar, ese dinero extra que te permite hacer algo en concreto, todos ellos se interponen en tu camino tanto como una muerte cercana repentina, un gasto extra que te obliga a endeudarte o un problema familiar grave.

A veces parecen pruebas de los dioses que juegan con nosotros para ver nuestra capacidad de resistencia. Otras veces son cambios en nuestra vida que hacen variar nuestra perspectiva, y nos cambian la escala de valores.

Pero una vez iniciado el camino uno debe continuar. Si se trata de impedimentos externos, hay que avanzar a toda costa. Deberemos adaptar nuestra realidad a esa nueva circunstancia, pero seguir adelante. Solo si se trata de una circunstancia que nos impida continuar físicamente en el proyecto, deberemos dar marcha atrás o posponerlo. Crear un negocio es como decidir tener un hijo. Si tuviéramos que esperar a tener todo perfecto para quedarnos embarazados, nunca tendríamos hijos. No se debe ser tan exigente con uno mismo ni con nuestra vida, porque ambos estamos sujetos a variables que no controlamos, ni controlaremos jamás. Así que, después de planificarlo bien, sin tener seguridad absoluta, hay que ser capaz de dar el salto al vacío, tirarse a la piscina sin saber del todo que va a ocurrir. Y en cuanto comiences a moverte, verás cómo tienes que enfrentarte a nuevos retos que jamás habías ni siquiera imaginado cuando planificaste el negocio. Coge el toro por los cuernos, y adelante.

Quinto consejo: Ten presente que involucras siempre a tu familia. Cuenta con ellos.

Muchas personas que inician un negocio han trabajado antes para otros, y creen que esto será como tener un trabajo, que lo dejas cuando regresas a casa. Eso pensaba también yo cuando inicié mi empresa. Tú no metes a tu familia en tu trabajo, y por lo tanto supones que tu negocio no influirá en tus relaciones familiares. Pero esto es falso. El negocio se meterá tanto en tus relaciones con tu familia y amigos, que toda tu vida personal cambiará, y lo hará tan bruscamente, que si no tienes cuidado puedes perder tus relaciones personales. Te lo digo por experiencia.

Iniciar un proyecto supone mucho esfuerzo personal. Horas y horas, de día y de noche. Cuanto más tiempo le dediques, parece que más tiempo hace falta para que salga adelante. Y hace falta dinero, mucho dinero. Aunque tú hayas planificado cuando te ibas a gastar, el negocio consumirá todo el dinero que tú estés dispuesto a poner.

Si tienes pareja, te recomiendo que no hagas nada importante sin contar con su opinión. No significa que vaya a formar parte de tu empresa, puesto que al fin y al cabo es tu sueño y no el suyo, y solo tú podrás sacarlo adelante dándole el impulso necesario. Pero no la dejes de lado.

Es imprescindible que hables mucho con él o ella de tu sueño, de lo que pretendes hacer. Y a medida que comience a criticarlo, escúchalo/la de verdad. Y escuchar de verdad no es decir que sí a todo y después hacer lo que te dé la gana. Una escucha activa supone reflexión en voz alta de lo que te dicen, escribirlo bien y analizarlo. Si te hacen una crítica muy fuerte, trata de contrarrestarla. Si logras defender tu postura después de estos ataques, tu negocio saldrá fortalecido. Si ves que no tienes argumentos para rebatirlos, reflexiona y hazles caso, porque significa que tu sueño no está lo suficientemente maduro y que tiene huecos importantes que hay que corregir.

Que tu pareja o familiar se meta contigo y con tu idea es lo normal. Porque ellos no están viendo la ventana de oportunidad y tú sí. Es por esto que debes buscar tiempo para hablarles de todo lo que quieres hacer, y dejar que se metan contigo. No te pelees con ellos, ni pongas en duda su amor por ti. Si te critican es porque te aprecian y quieren que tengas éxito. Si ves que en estas conversaciones salen nuevas ideas que pueden servir para ampliar o mejorar tu negocio, no las desaproveches. No busques a personas que solo critiquen sin aportar nada positivo, porque te consumirán la energía y no te darán nada a cambio. Tampoco busques aduladores que te digan que todo te va a salir genial y que tu idea es fantástica sin poner ni un solo *"pero"*. Lo que te interesa son personas que te tengan cariño, y que sean personas prácticas, con criterio propio. Déjate aconsejar por las personas más mayores, porque la mejor enseñanza es la Universidad del palo, y a ellos/as les han dado muchos a lo largo de su vida.

"Los que te quieren te harán llorar" es totalmente aplicable cuando tienes una empresa. Déjate criticar. Piensa que para tener éxito hay que tener el máximo de información, hay que tener diferentes puntos de vista, hay que darle la vuelta a la tortilla para ver si se está quemando.

Y aunque lo trataremos más adelante, recuerda que siempre involucras a la familia en la empresa, quieras o no, porque al dedicarte a la empresa estás poniendo todo tu esfuerzo económico y de tiempo en otra cosa que no son tus seres queridos. Cuida muy bien tus finanzas y tu tiempo, porque si los manejas bien ambas afectarán sin duda a tu familia, pero si los manejas mal, afectarán en toda tu vida, destrozando partes de ella que ni imaginas ahora.

Sexto consejo: Defínete.

Seguro que tienes muchas ideas para tu negocio. Estás tan ilusionado que piensas que prácticamente te puedes dedicar a cualquier cosa. Una vez iniciado crees que podrás ofrecer multitud de servicios o productos, que crecerás y crecerás, y que ganarás mucho dinero. Te recomiendo que te sientes y respires profundamente. Aunque puedas hacer muchas actividades diferentes, en tu publicidad céntrate solo en una, porque si no los clientes no sabrán que eres realmente, si una empresa de fontanería o de alicatado. Tiene que ser algo claro y sencillo, que englobe lo que haces por ejemplo *"Reformas"*, *"Tartas"*, *"Marketing"*, etc. Puedes resaltar una actividad o un producto en concreto, tu punto fuerte.

No dudo que seas capaz de dedicarte a muchas cosas, pero un negocio disperso no funciona. No tienes recursos económicos, materiales ni humanos para hacer de todo. Concéntrate en tu idea de negocio ¿Qué es lo que realmente puedes hacer bien?, ¿Con que producto o servicio podrás satisfacer a más clientes?, ¿Qué actividad es la que te puede dar más rendimiento económico? Recuerda a Ford, el que primero vendió coches a gran escala y baratos. Solo ofrecía un modelo, y de un color, y así se mantuvo durante años, vendiendo un único modelo de coche negro (Ford T). Si el cliente quería un coche tenía que comprar ese y punto. Únicamente cuando se hizo multimillonario permitió cambios.

Lo primero que necesitas es un nombre comercial para tu empresa. Estoy seguro que ya lo tienes. Te recomiendo que en el nombre incluyas la principal actividad, de forma que quien lo vea ya sepa a qué te dedicas, como por ejemplo *"Tartas Susanita"*, *"Regalos Olga"*, *"Abogados Jiménez"*, etc.

Una vez sepas cuál es tu principal actividad, medita que necesitas para llevarla a cabo, y donde la vas a realizar. Si vas a hacer tartas, necesitaras una cocina equipada, y si vas a arreglar relojes necesitarás un taller con herramientas.

Uno de los principales errores que cometemos los nuevos empresarios es que nos lanzamos a comprar todo aquello que necesitamos para empezar. Queremos tener nuestro negocio completo desde el principio. No hace falta. Repito: No hace falta. Y si no lo tienes claro, piensa en tu propia casa. ¿Tuviste desde el principio todos los muebles y electrodomésticos, o los has ido comprando y sustituyendo poco a poco?

Busca con tiempo los proveedores de productos y servicios que vayas a necesitar. No te quedes con los primeros precios y condiciones de entrega que encuentres. Y una vez tu negocio demande más, no dudes en ir negociando nuevas condiciones y nuevos proveedores. No te cases con nadie de por vida, pero tampoco seas infiel en el noviazgo, se ético y responsable con tus acuerdos.

Una vez definida tu actividad principal, concéntrate en ella. Te saldrán posiblemente otras oportunidades, pero no trates de abarcar todo, sino de cumplir con lo que tienes. Mantente firme en tu actividad principal, y vete especializándote en ella, que se vaya difundiendo entre los posibles clientes qué es lo que haces realmente bien. No se puede ser muy bueno en todo, pero si un experto en algo. Busca ese algo que hace especial a tu empresa en relación con las demás, piensa que puedes ofrecer que realmente sepas hacer mejor que nadie y que te diferencie del resto. Después solo tienes que trabajar bien, cumplir con clientes y acreedores, y verás cómo sales adelante.

Séptimo consejo: Cuida tu imagen, tu palabra y tu reputación.

Para los posibles clientes tu producto o servicio tendrá una imagen, y tú puedes crear la que quieras. Pero ojo, que el producto y/o servicio que ofrezcas cumpla con lo que has prometido, porque si no es así no durarás demasiado. Recuerda la frase atribuida a Abraham Lincoln *"Se puede engañar a todos poco tiempo, se puede engañar a algunos todo el tiempo, pero no se puede engañar a todos todo el tiempo"*. Y recuerda el refrán popular *"Se coge antes a un mentiroso que a un cojo"*. No dañes tu imagen mintiendo a tu alrededor.

Cuida tu imagen. Una vez te lanzas a montar un negocio, recuerda que la visión que tienen de ti va a cambiar. Ya nunca serás el/la mismo/a de cara a los demás. Ya no podrás separar tu imagen personal de la imagen de tu empresa. Así que por favor, cuida tu aspecto personal, se aseado/a, y vigila cómo vistes, como hablas, como te comportas. No importa la imagen que tú quieras dar, cada persona con la que te tropieces sacará su propia conclusión, y eso es algo que tú solo puedes mejorar si te vigilas continuamente.

Ten en cuenta que la única forma de que tu negocio funcione es aprovechando todo lo que TÚ eres, con tus virtudes y tus defectos. Tienes que desarrollar lo bueno que tienes, llevándolo al máximo que puedas. No tengas vergüenza ni límite moral en hacer lo que se te da bien (siempre que no sea ilegal o inmoral). No pienses en lo que dirán los demás, ni en el posible rechazo que puedas sufrir.

No hay límites para la imagen de la empresa. Toda empresa proyecta una imagen consciente, a base de logotipo, página web, publicidad, trato al cliente, etc. Esa es la imagen que deseas proyectar, y rápidamente los demás la reconocen.

Posiblemente tengas la tentación de gastar dinero en publicidad, y enseguida aparecerán los comerciales de distintas revistas y páginas web ofreciéndote el éxito si publicas con ellos. Mi consejo es que, antes de gastar dinero a lo loco, planifiques bien tu imagen exterior, y te decidas por un único medio.

En el mundo real y en la web lo que mejor funciona es el *"boca a boca"*, así que olvídate de campañas de publicidad caras. Y recuerda lo que dijo Fulbrand *"La imagen de marca es el reflejo de los valores y objetivos de la empresa. No puedes dejarla al azar"*.

Eso sí, hay una serie de medidas que debes tomar nada más empezar, como son:

- Unifica tu imagen, y que en todo lo que hagas aparezca el mismo logotipo, nombre, teléfono, e-mail y web, y la principal actividad de la empresa.
- Centra tu publicidad en la actividad principal, aunque puedas hacer muchas. Englóbalas en un único término. Recuerda el consejo anterior de Definirte.
- Ten un teléfono de empresa diferente al particular, y siempre que lo cojas, responde de forma profesional, aunque sea alguien conocido quien llama. Nada de *"¡Qué pasó hombre!"*, sino *"Electricidad Menganito Buenos Días"*.
- Ten una página web sencilla, y promociónate en las redes sociales. Que sirva de contacto y para que te puedan encontrar en internet. Que no necesite mucho mantenimiento ni que tengas que

actualizarla constantemente, con unas buenas fotos y los datos bien claros de localización. Mucha gente busca donde está la empresa por internet, asegúrate que los datos de ubicación están bien.

- Al dar de alta el teléfono ya aparecerás en varias guías digitales. Date a conocer en alguna página web especializada en tu sector.
- Ten siempre tarjetas a mano, tanto físicas como digitales. No dejes pasar una oportunidad de dar tus datos a alguien.
- Rotula tu vehículo (si tienes) con el teléfono y la web bien claras. No pongas demasiada información.
- Usa alguna uniformidad, aunque sea una camiseta o un polo con tu publicidad.
- Hazte publicidad de forma natural, no forzada. Si estás en una reunión de amigos no te pongas a pasar tarjetas y venderte como un loco.
- No trates de exagerar las virtudes de tu empresa, porque la gente no se fiará. Deja que tus hechos hablen por ti.

Estás empezando, y tienes ganas de ampliar tu mercado rápidamente y de darte a conocer por todos lados. Vence esa tentación. Imaginemos por un momento que te funciona, y después de una campaña de publicidad, te aparecen 500 clientes. ¿Cómo los vas a atender? Lo más posible es que los pierdas por no poder cumplir con ellos. Hazte esta pregunta: ¿A cuántos clientes me permite atender al mismo tiempo la infraestructura que tengo actualmente? En función de esa respuesta debes hacer tu campaña de publicidad.

Es interesante que el mercado responda y tengas nuevos clientes, así la demanda de tus servicios o productos será siempre algo mayor que tu oferta, de esta forma que tendrás la seguridad de que seguirás teniendo clientes, pero no los hagas esperar demasiado, porque dañarás tu imagen y los perderás.

Si tu negocio es la venta de un producto o servicio de internet, y posees una página de descarga automática con plataforma de pago incluida, entonces si te interesa convertirte en un virus en la red, y que todo el mundo te conozca, necesitas una expansión a nivel mundial. Te recomiendo que si lo que ofreces es una aplicación o programa informático no dejes de hacer publicidad en todos los foros que encuentres. Pero ojo, que tu producto sea bueno y haga realmente lo que prometes, si no, poco vas a durar en el mundo virtual.

Cuida tu palabra. No mientas ni digas medias verdades. Cumple tanto con lo que dices como con lo que pones en la publicidad. Si eres una persona y empresa que cumple su palabra no te faltará el trabajo y tendrás clientes satisfechos. Y si ves que algo no lo puedes cumplir da la cara, no te escondas, discúlpate y arréglalo inmediatamente.

Sé una persona honrada y responsable. No digas lo que no puedas hacer, ni a tu familia, ni a tus amigos, ni en el trabajo a trabajadores, clientes, proveedores, etc. Si los demás ven que eres una persona íntegra, confiarán en ti y en tu empresa. La mayor parte de los clientes que uno tiene cuando empieza surgen por familiares y amigos. No los defraudes.

No hay nada que funcione mejor que ir poco a poco, cumpliendo bien con cada cliente, haciéndole sentir que él o ella es el único. Mima a tus clientes, y tendrás toda la publicidad que quieras gratuitamente. Cada cliente trabajará para ti si has cumplido y le has cobrado un precio justo. En cada reunión que vaya, con cada persona que hable, le contará lo bien que has trabajado, y dará tus datos. Una vez consigas un nuevo cliente recomendado, trátalo tan bien como al anterior, y no dudes en dar las gracias a la persona que te recomendó "*De bien nacidos es ser agradecidos*".

Si no cumples tu palabra, la gente no se fiará de ti y tu abanico de posibilidades se irá estrechando, perdiendo oportunidades de negocio, hasta que no quede nadie a quien puedas engañar. Vivas donde vivas, recuerda que el mundo es como un pueblito, los hechos buenos tardan en comunicarse, pero las malas noticias vuelan.

Vigila tu lenguaje. Habla sin altanería, sé una persona sencilla aunque estés firmando el contrato de tu vida. Habla respetando siempre a los demás, y recuerda que uno siempre es "*esclavo de sus palabras y libre de sus silencios*". Si no puedes comprometerte a hacer algo, no lo digas. En todo caso di "*Me hubiera gustado hacer esto, pero....*", y explica por qué no lo puedes hacer.

No debes hablar de datos de otras personas, "*se puede nombrar el pecado, pero nunca el pecador*". No hables mal de nadie, por mal que te haya tratado. Las malas personas o empresas hay que dejarlas a un lado y seguir adelante, no seguir cargando con su recuerdo. Además, ten en cuenta que aunque a ti te haya ido mal con alguien, puede ser que con otro empresario sea distinto. Hay muy pocas personas y empresas realmente nefastas. Solo si ves que han usado malas artes o realizado acciones claramente fraudulentas puedes comentarlo, pero ten cuidado como lo cuentas, no vaya a ser que salgas perjudicado tú. Yo te recomiendo que no te metas en temas negativos y sí que resaltes a las personas o empresas con las que has tenido experiencias positivas. Así iras aumentando tu círculo de clientes satisfechos y empresas cumplidoras. ¿En qué mundo quieres vivir, en uno en que todo el mundo se critique y no te puedas fiar de nadie, o en otro donde se hable de experiencias positivas y puedas confiar en los que tienes al lado? <u>Cuida tu reputación.</u> La mejor publicidad que te puedes hacer es trabajar bien y ser honrado. Pero *"no solo hay que serlo, también hay que parecerlo"*. No te metas en líos ni historias raras, y cuida tu imagen personal.

No dudes en promocionar tus buenos trabajos o servicios, aquellos de los que te sientes orgulloso. Ponlos en tu publicidad, compártelos en las redes sociales, cuélgalos en tu página web, habla de ellos a tus clientes. Si te dedicas a diseñar carteles, por ejemplo, puedes decir que en tal calle hay uno elaborado por ti, y así habrá quien se acuerde de ti cada vez que pase por enfrente.

Que hablen de ti y de tu empresa es inevitable. Procura que sea lo más positivo posible. Pide a tus amigos y conocidos que divulguen que hay una empresa con un servicio estupendo. Crea tu propia imagen.

Pero recuerda una máxima de los negocios *"Nunca podrás contentar a todos los clientes"*. Por lo tanto, hagas lo que hagas, siempre tendrás algún cliente o proveedor descontento, con muy alta probabilidad que vaya por todos lados contando lo malo que eres. No te desesperes al respecto. No puedes evitar que hablen mal de ti, pero si puedes demostrar quién es realmente tu empresa con sus propios actos. Trabaja bien y esos rumores no llegarán a nada. Y si realmente lo hiciste mal, y metiste la pata hasta el fondo, admítelo rápidamente y trata de arreglarlo. No dejes pasar la oportunidad de que todos vean como solucionas un problema. Todos cometemos errores, pero como nos enfrentamos a ellos es lo que marca la diferencia.

Da por sentado que a la gente le encanta hablar de los demás, sobre todo si son temas negativos. Por eso las malas noticias se difunden muy rápido, mientras las buenas nunca llegan. Solo hay una excepción a esto, y es cuando la propia reputación o imagen puede verse dañada. La gente se calla experiencias negativas cuando han sido ellos mismos los perjudicados, como si se sintieran culpables. Y así vemos como verdaderos delincuentes comenten sus actos durante años con aparente impunidad y anonimato, como estafadores o pederastas, sin que nadie hable. Un día, un/a valiente lo cuenta, y entonces aparecen cientos de casos iguales ¿Cómo puede ocurrir esto? ¿Por qué nadie lo contó antes? Así que recuerda que, como dijo John Raymond Baker: *"Ver algo incorrecto y no denunciarlo es convertirse en el cómplice silencioso de su perpetuación"*, y Edmund Burke dijo *"lo único necesario para el triunfo del mal es que los buenos no hagan nada"*. Así que ya sabes, no permitas que se hable mal de nadie delante de ti o se le haga daño, porque quedará como que tú estás de acuerdo con esas afirmaciones y actuaciones, pero por otro lado, no permitas que alguien que sea un delincuente siga a sus anchas porque nadie dice ni hace nada.

Recuerda que tu nombre y el de tu empresa es lo único que tienes. Protégelos y haz que se conozcan. Participa en actividades positivas y donde tu compañía quede asociada a ese evento. Colabora altruistamente con asociaciones benéficas o con acontecimientos sociales. No trates de figurar, sino colabora con humildad, que los demás vean por si mismos lo caritativos que sois. No importa que no tengas apenas dinero. Hay muchas actividades en las que puedes participar. Te servirá también para ver el mundo desde otro lado. Tu reputación y la de tu empresa saldrán reforzadas.

Octavo consejo: Las asesorías no existen.

Repite conmigo: *"Estoy solo. Las asesorías son solo gestorías"*. Esta es una lección importante. Cuando vamos a abrir una empresa, somos conscientes de que hay demasiado papeleo. No vamos a poder manejar toda la documentación nosotros solos. Son tantos los actores de esta función que no podemos con todo: Notario, Registro Mercantil, Oficina de patentes y marcas, Seguridad Social, Hacienda Estatal, Hacienda autonómica, Ayuntamiento, etc.

Una vez en funcionamiento, debemos elaborar y presentar puntualmente demasiada documentación, como nóminas, impuestos, registros, facturas, declaraciones, etc. Cumplir con los plazos es esencial.

Todo esto hace que, o eres un experto en administración fiscal y laboral, o necesitas contratar a alguien para que te ayude. Lo más barato es pagar a una asesoría, puesto que poner en plantilla a una persona es algo que no todos se pueden permitir al inicio.

Pero la lección de este consejo es que la asesoría te llevará los trámites, pero solo eso. Te dirá lo que tienes que presentar y donde, te preparará los documentos, y hasta los presentará en tu nombre puntualmente. Pero nada más.

Una asesoría es solo una gestoría. No esperes que te asesore sobre lo que debes hacer, o como invertir tu capital y tus esfuerzos. Solo las grandes empresas y empresarios cuentan de verdad con asesoramiento, el cual pagan muy pero que muy caro. Por lo tanto, estás solo.

Tú eres el único responsable de las decisiones que se tomen. Los demás las aceptarán o no, y tú deberás hacer que se lleven a cabo. Tomar decisiones no es fácil. A todo el mundo le gusta opinar, y por supuesto creen saber cuál es la mejor decisión en cada momento. Pero si le das el poder y la autoridad para tomarla, la mayoría se echan para atrás ¿Por qué? Porque cada decisión tiene consecuencias, unas que podemos sopesar previamente, pero también habrá consecuencias inesperadas que nadie puede prever. Y esa es la carga de todo jefe, tomar decisiones con responsabilidad.

Un empresario/emprendedor es como un capitán de barco. Puede pedir opinión a quien considere oportuno, incluso puede pedir al piloto que mueva el timón, pero lo que ocurra será solo responsabilidad del capitán. Incluso en el caso de que se vaya a dormir y deje al piloto solo, si el barco sufre un accidente será siempre responsabilidad del capitán.

Dirigir un proyecto implica soledad. Tú tienes todos los días en tus manos la posibilidad de tomar decisiones que cambiarán la historia de la empresa. Incluso el día que decides no hacer nada también estás provocando consecuencias. Y decidas tú o no lo que hacer, la responsabilidad de lo que ocurra será solo tuya.

Por eso, no esperes que la asesoría se anticipe a lo que va a pasar, ni que te asesore para que no ocurra. Eres tú el que tienes que tener los ojos bien abiertos y tratar de prever que va a ocurrir, y provocar cambios para navegar hacia donde tú quieres.

No puedes descansar, porque ese día justo se acabó el plazo para presentar algo o no has cumplido con alguna exigencia de alguna administración. Tienes que estar siempre pendiente, con todo bien apuntado en tu calendario. La asesoría no te va a resolver tus problemas, solo te va a preparar la documentación que necesites. Por supuesto, puedes delegar en algún trabajador que esté pendiente de los plazos, pero recuerda que tú eres el único responsable.

Eso lo saben bien las administraciones públicas. Si la empresa fue mal y mantiene deudas con ellas, tienes que declarar concurso de acreedores rápidamente y gastar mucho dinero en hacer que toda la responsabilidad quede en la empresa. Si no, derivarán la responsabilidad al administrador de la sociedad, es decir tú, y lo que era una deuda de una empresa se convierte en la deuda de un particular, y a ver como la pagas, porque te embargarán hasta las orejas. Eso lo sé por experiencia.

Así que ya sabes, no por gastarte mucho dinero en una asesoría vas a tener buen asesoramiento. Y cuidado con los bancos. Muchos te ofrecen asesorarte cuando en realidad lo único que están haciendo es velar por sus intereses, nunca por los tuyos. Ten mucho cuidado con tu dinero.

Hay personas bien formadas que te pueden llevar el papeleo. También hay asesorías a través de internet que funcionan bien, y por supuesto las asesorías de toda la vida de tu barrio.

Pero recuerda que su nombre real es *"Gestorías"*, y que serán el vehículo que te permitirá estar al día con el papeleo si funcionan bien, pero nada más.

Vigila a tu asesoría. Si ves que no están cumpliendo con algún plazo o que se retrasan con la documentación, no dudes en cambiar a otra.

El problema de las asesorías es que captan todos los clientes que pueden, y después en momentos claves de entrega de documentación se ven en dificultades para cumplir con todos.

Con respecto a las Cámaras de Comercio y otro tipo de instituciones y organismos públicos que *"fomentan y apoyan"* la emprendeduría, la situación también es complicada. Muy pocas de las acciones que realizan realmente te pueden ser útiles. Aunque se publicitan muy bien después los resultados no son tan exitosos.

Eso sí, no dejes de acudir a ellos y tratar de *"asesorarte"* lo mejor posible. Muchas de estas entidades tienen ventanillas únicas para agilizar trámites y algunos cursos de formación interesantes. El problema es que en nuestra sociedad se fomenta desde siempre que el mayor éxito profesional que se puede obtener es hacerse funcionario, no emprendedor. Así nos va.

Noveno consejo: No creas en las subvenciones.

Es increíble lo que es la publicidad. Tanto en televisión como en prensa escrita y otros medios no dejan de llover millones de euros para ayudar a los emprendedores y jóvenes empresarios. Sin embargo, conozco pocos de ellos a los que realmente les hayan concedido alguna ayuda, y si ha ocurrido, han sido tanto los retrasos y el papeleo, que es como para arrepentirse de haberla pedido.

Partamos de la base que yo no creo en las subvenciones. Mejor dicho, no creo en un modelo de sociedad en el que se subvencione constantemente a los ciudadanos. Ya hemos visto a lo que lleva esto, a la creación de monocultivos y a que muchos se acostumbren a vivir del cuento. Cuando habían subvenciones al tomate, todo lleno de tomateras, cuando llegaron las del plátano, todo lleno de fincas de plátanos, ayudas al sector pesquero, ayudas a los taxis, ayudas al sector turístico, etc., otros monocultivos que se han extendido por nuestra tierra. En definitiva, hay personas que viven de las subvenciones, sin importarles de verdad su trabajo. Esta cultura se extendió en los años 80 con la entrada en la CEE, y mientras hemos estado en Europa los famosos fondos europeos han subvencionado la forma de vida de muchos ciudadanos e instituciones, por qué… ¿Qué serían las entidades locales sin el dinero para los convenios y las obras? Ahora estamos viendo como con la crisis ya no hay trabajo para nadie. Y es que a los ciudadanos nos han acostumbrado a que nos llamarán 8 meses para trabajar en un convenio, disfrutar después de 4 meses de paro/vacaciones y después de nuevo a chupar convenio. Y el problema es que ya íbamos por la segunda generación de chupópteros cuando llegó la crisis. Así no se fomenta la emprendeduría, sino el enchufismo. Y por otro lado, a todo aquel que se salía de este sistema y trataba de emprender, todo han sido trabas e impuestos. No existe la cultura emprendedora, sino la cultura de ser empleado. Pero señores, ¡Alguien tiene que crear las empresas para que el resto se empleen a gusto! Son tantas las dificultades fiscales y burocráticas que a cualquiera le quitan las ganas antes de empezar. Menos a ti, porque tienes alma de emprendedor, tú y yo lo sabemos.

No creas en las subvenciones. No esperes que con ellas vayas a poder financiar tu negocio. Conseguir una subvención supone un enorme esfuerzo antes de lograrla, durante su uso y después en la justificación. Si no la justificas bien te pueden reclamar la devolución del importe. Con esto no quiero desanimarte a que las solicites, pero tienes que tomar una serie de precauciones para ahorrarte dolores de cabeza.

Estate alerta, de nada sirve saber de una subvención fabulosa si se acaba el plazo hoy. Tienes que estar pendiente de las que van a salir. Hay varias herramientas y plataformas que te ayudan a buscarlas, no lo hagas solo. Mira las fechas en las que salieron las del año anterior y pregunta si van a salir este año. Vete preparando la documentación para que no te coja el toro.

Elige cuidadosamente la subvención. Vas a tener que cumplir una serie de requisitos. Si alguno no lo cumples ahora, da los pasos necesarios para arreglarlo. Por ejemplo, me resultó muy curiosa una ayuda destinada a Pymes para pagar deudas, y uno de los requisitos era no tener deudas con las administraciones públicas. ¿Alguien lo entiende?, ¿Es que no se dan cuenta quienes las aprueban que si uno no tuviera deudas con Hacienda y Seguridad Social no pediría éstas ayudas? Cumple escrupulosamente con los plazos y condiciones establecidos, no trates de hacer chanchullos y meter facturas falsas. Como te pillen lo vas a pasar mal. Existen multitud de ayudas específicas para las empresas y para los emprendedores. Posiblemente habrás oído hablar de los fondos ICO. Te recomiendo que busques en internet poniendo *"ayudas empresa"*. Fíjate en las páginas oficiales, y cuidado con las empresas que te ofrecen gestionarte las subvenciones, o que te ofrecen información a cambio de pagarles. La información no debe costarte dinero. Hay empresas que ofrecen ayudarte para que te concedan subvenciones a cambio de quedarse ellas con un porcentaje de lo obtenido. Estudia todo bien y escoge tu asesoramiento.

Es curioso como muchas de estas subvenciones se agotan rápidamente. Es como si se gastarán antes incluso de que salieran. Hay demasiada gente que se ha profesionalizado en la captura de subvenciones, y con los cuales tú no puedes competir. Y más ahora en plena crisis. Así que *"si no puedes con tu enemigo, únete a él"*. Y en eso es donde las Cámaras de Comercio, asociaciones de empresarios y otras instituciones te pueden ayudar. Solo uniéndote a expertos en subvenciones y ayudas conseguirás tú la tuya. Si lo intentas tú solo es una lucha casi perdida de antemano.

Y recuerda que tienes que pensar en una subvención como una ayuda extra e inesperada que te puede echar una mano en un momento determinado, pero nunca la consideres como una parte fundamental de tu economía, ni mucho menos que va a salvar tu empresa. No dependas de ella para sobrevivir o salir adelante, porque no te funcionará.

Solo los especuladores de lo público crean negocios para recibir subvenciones, las utilizan y después los cierran y siguen con otro chanchullo, dejando a todo el mundo colgado. Pero tú no eres así. Tú eres una persona honrada que quiere sacar adelante su empresa, tener éxito, y compartirlo con la sociedad creando empleos y pagando impuestos. Eres de los que puede sacar adelante a este país. Los otros lo único que hacen es expoliar las arcas públicas en su propio beneficio engañando a quien haga falta, mamando de la teta hasta matar la vaca.

Décimo consejo: Todo gasto se multiplica, todo ingreso se divide.

Seguro que te has dado cuenta de este consejo en tu economía doméstica. ¿Te resulta fácil ahorrar dinero cada mes?, ¿A qué aunque parezca increíble, gastarse 100 € es facilísimo, pero ahorrarlos es casi imposible? Todos los meses sucede algo que hace que por mucho que ganes, los gastos siempre superan los ingresos. Y así vas mes a mes, ahorrando muy poco, cubriendo gastos y poco más.

Para solucionar esta situación, tienes que desarrollar una buena estrategia y ceñirte a un plan riguroso. Tienes que analizar todos tus gastos corrientes: agua, luz, butano, teléfono, internet, televisión de pago, móvil, colegio, seguros, mecánico, gasolina, hipoteca o alquiler, contribución, comida, ropa, etc., etc.). Después de estudiarlos uno a uno, tienes que tomar medidas para reducir el gasto a largo plazo, aunque ello te suponga una inversión a corto. Por ejemplo, para bajar la factura de la luz podemos poner bombillas de bajo consumo, detectores de presencia en los pasillos, temporizadores y regletas en los aparatos eléctricos, cambiar el termo de agua a uno más adecuado a tus necesidades, concienciar a la familia para que apaguen luces, revisar el contrato bien e incrementar o reducir los kilovatios, cambiar de compañía, etc. Y aunque todo esto te suponga un gasto inicial, se verá compensado a la larga con la disminución en la factura.

Después debes analizar tus hábitos en los gastos no corrientes, como compra de ropa extra, electrónica, libros, dvd's y música, desayunos y comidas fuera, regalos para cumpleaños y fiestas varias, etc. Si tienes hijos, toda esta economía se complica y los gastos se multiplican. Cuidado con el pequeño gasto diario, como desayunar fuera, pues al mes es mucho dinero. Una cosa es un cortado, y otra es desayunar como un marqués todas las mañanas. Elimina también hábitos costosos e insalubres como el tabaco, no sólo ahorrarás, sino que tu calidad de vida mejorará. Si logras tener una economía saneada en tu hogar, la economía de una empresa será coser y cantar. De hecho, durante milenios las familias han sobrevivido gracias a nuestras mujeres y su fabulosa economía doméstica, haciendo milagros con lo poco que tenían, cocinando un día patatas con cebollas y otro día cebollas con patatas. Mucho tienen que aprenden de nuestras antepasadas los hombres y mujeres de la sociedad actual. La llegada del boom de los 80 y 90, cuando creíamos que nos sobraba el dinero, nos hizo perder el norte, pero gracias a la crisis estamos recuperando la sana costumbre de la austeridad y el ahorro.

Y ahora piensa en tu empresa o proyecto de negocio. La gestión económica va a ser igual que en un hogar, por mucho que factures tus gastos podrán superar fácilmente tus ingresos. Tienes que tener mucho cuidado. Cualquier ingreso se esfumará entre todas las facturas pendientes que tienes por pagar, y después de impuestos, proveedores, gastos bancarios, trabajadores, gastos corrientes y gastos extraordinarios, de beneficio quedará muy poco, o nada. Muchos meses no podrás cobrar tú personalmente, o encima tendrás que poner dinero de tu bolsillo para que la empresa continúe. Da lo mismo los ahorros que tengas o el dinero que puedas conseguir pidiendo préstamos, todo se lo engullirá la empresa rápidamente, y te quedarás todavía más endeudado. Tengo muchos ejemplos de personas que conozco, incluyéndome, que lo han perdido todo de este modo.

Pero, ¿Cómo evitar esta espiral de endeudamiento que te llevará sin remedio a la bancarrota? He aquí algunas sugerencias:
- **Haz un buen plan económico inicial de tu proyecto.** Déjate asesorar por externos fiscales y financieros y contempla todos los gastos posibles en un año. Consulta con amigos y familiares que tengan negocios, que te cuenten las principales dificultades, porque la experiencia es la mejor universidad. Haz un listado exhaustivo de impuestos, gastos corrientes y extraordinarios. Calcula los ingresos mínimos necesarios para poder aguantar ese año. Los ingresos tienen que superar a los gastos, aunque no amortices lo invertido (mobiliario, maquinaria, informática, etc.). Si tienes que redondear, redondea los gastos por arriba y los ingresos por debajo. Si después de hacer este estudio los números no salen, no empieces con el proyecto. Replantéatelo teóricamente hasta que los números cuadren. Así no solo tendrás en la mano un proyecto viable, sino además en tu cabeza estarán todos los posibles inconvenientes que te puedas encontrar.

- **Separa el dinero que vayas a invertir en la empresa durante el primer año de tu dinero personal.** Una vez hecho el Plan de Empresa, sabrás cuánto dinero necesitas. Ese será dinero de la empresa, no tuyo personal, no lo uses para nada que no sea de tu negocio. Pon un límite a tu inversión en la empresa, y no lo superes. No puedes dejar de pagar la luz de tu casa para pagar una factura de tu empresa o a un empleado.

- **No metas dinero personal en la empresa.** De forma muy excepcional puedes meter dinero tuyo en la empresa, por ejemplo para evitar algo grave, como un embargo puntual o un corte de teléfono. Si ves que todos los meses tienes que sacar dinero de tus finanzas personales para la empresa, es que el tema va mal. No lo prolongues, y si es necesario deja de pagar temas de la empresa *"salga el sol por donde salga"*, porque si no arruinarás tu vida personal y tampoco lograrás salvar la empresa.

- **No pidas prestado dinero.** Cuando las cosas van mal, generalmente necesitamos liquidez, dinero rápido para solucionar los problemas. Podemos agobiarnos tanto que caemos en la tentación de pedir dinero a familiares o amigos. No lo hagas. Si la empresa va mal no podrás devolverlo, y tendrás más problemas, quizás pierdas esa amistad. No lo dudes, una empresa puede engullir en segundos miles de euros, y tú no podrás pagarlos después. Lo que si puedes hacer es pedir algunos favores, al fin y al cabo los amigos están para apoyarse, y seguro que te pueden ayudar con determinadas gestiones, pero no pidas dinero. Lo digo por experiencia, yo todavía le debo dinero a un amigo, y no podré pagárselo en años.

- **Tampoco se te ocurra prestar dinero a ningún amigo empresario para sus negocios.** Te llegará suplicando, contándote sus problemas, y lo mal que va. Y tú, que eres una buena persona, querrás ayudarlo, y me parece bien, pero no le dejes ni un euro. Ayúdalo con tu apoyo moral, con tus contactos si puedes hacer alguna llamada útil, con tu infraestructura para alguna gestión si tú también tienes empresa, pero no le prestes dinero. No te lo va a poder devolver, por mucho que él se comprometa, y eso supondrá que tu relación de amistad se dañará. Si finalmente lo prestas, que sea tu libre elección y sabiendo que es un dinero de no retorno. Y ten mucho cuidado si te llega con una idea de negocio que te hará ganar mucho dinero y únicamente tú tienes que poner una inversión mínima. No metas tu dinero en ningún negocio simplemente porque te lo recomiende un amigo. Estúdialo muy, pero que muy bien. Y si quién te pide dinero es un familiar para un tema personal, recuerda que si lo prestas lo harás con la premisa que después no podrás enfadarte si no te lo devuelve. Recuerda que el dinero es solo eso, cochino papel, por encima están las personas. **- Si puedes no pidas dinero a los bancos.** Lo que te van a ofrecer es concederte un crédito (avalado con tu vivienda) para empezar el negocio. Ten mucho cuidado, recuerda que si te sale mal el negocio, y no puedes pagar la hipoteca, te quedarás sin negocio y sin casa. Otra fórmula es que te concedan una póliza de crédito, que es un préstamo que puedes ir sacando las cantidades que tú quieras poco a poco, hasta un límite, y después puedas ingresar también el dinero poco a poco. Pero la realidad es que en el 90% de los casos se convierte en una trampa, porque sacas todo el dinero que puedes, y después apenas puedes devolver nada, y el banco te cobra unos intereses altísimos por ello. Al final, la póliza de crédito la tienes que transformar en un préstamo hipotecario (avalado de nuevo con tu propiedad particular). Por eso debes evitar contratarla.

- El objetivo de tu empresa no es darte trabajo, sino darte beneficios. Decide un presupuesto o un precio realista. Nunca entres en la guerra de precios. Tú empresa no es una multinacional que se puede dar el lujo de perder dinero en algunos de sus productos. Tú tienes que lograr sacar siempre algo de beneficio. Por eso, debes valorar el coste de tu producto/servicio, y después elaborar un presupuesto que sea realista y que te deje beneficio. De nada te sirve matarte a trabajar o vender si después no te queda nada. Eso les ocurre a muchos empresarios, que trabajan durante años y cuando terminan reventados encima no han sacado apenas nada. Cobra siempre algo por adelantado. Cualquier trabajo o servicio que realices te lleva unos gastos iniciales, y esos gastos deben quedar cubiertos por ese gasto inicial. Ten en cuenta que siempre te encontrarás con algún cliente que no te pagará, eso ocurre en todas las empresas. Por eso necesitas un adelanto.

- **No te metas en trabajos complicados.** Evita trabajos con riesgos innecesarios o que no controles. Concéntrate en lo que te da beneficio y que sabes hacer bien. Especialízate en lo que te funciona. Una vez estés consolidado, puedes explorar otros productos/servicios, pero al principio no aceptes encargos que se salgan de tu línea de venta.

- **Mantén los pagos al día.** Los negocios se basan en la confianza, y tú tienes que irradiarla por todos los poros de tu piel, y la mejor forma de generarla es siendo cumplidor en los pagos, manteniendo tu palabra. Como siempre estarás justo de dinero, tienes que priorizar que pagas ahora y que dejas para más tarde. No demores los pagos que más te multen o perjudiquen si los incumples. Con los proveedores puedes llegar a acuerdos de fraccionamiento de pago o demora de pago al mes siguiente, pero no dejes de pagarle, se cumplidor, porque si te cortan el grifo no podrás seguir comprándoles. Y ese margen temporal te sirve para poder trabajar cómodo, pudiendo pagar a medida que vas cobrando por tu servicio o producto. Recuerda que la Seguridad Social y Hacienda son muy puñeteros, y tienen intereses mucho más altos que un banco. También aquí tienes margen, porque algunos impuestos son trimestrales o anuales. Pero no te demores en los pagos, y como ya te dije antes, no te fíes de las asesorías, comprueba siempre que vas cumpliendo con todo.

- **El secreto es ir facturando por encima de los gastos.** No puedes hacer rebajas continuamente. Y de cada producto o servicio que tú adquieras para cumplir con el cliente le tienes que subir tu margen. Habrá clientes que te dirán que eres muy caro. Eso lo evitas con el presupuesto previo y los precios a la vista y transparentes. Y si no les gusta, que busquen otro que les dé lo mismo que tú. Huye de los clientes que se quejan continuamente. Te van a dar problemas a lo largo de tu servicio.

- **Cuando cobres una factura, distribuye bien el dinero entre lo que tienes que pagar.** Es fácil que al tener dinero en la mano, te sientas poderoso y lo uses en la primera deuda que tengas en la cabeza, porque pagando sientes un alivio. Pero no pagues al azar. Planifica bien cómo vas a usar ese dinero. Una buena idea que me comentaron es poner aproximadamente el 20% de cada factura que cobres en una cuenta aparte e intocable, que es lo que vas a pagar en Hacienda anualmente. Así, cuando llegue el momento de pagar tú ya tendrás el dinero.

-**Procura que la empresa no tenga beneficios.** Aunque esto te pueda sonar extraño, la mejor forma de ganar dinero es no declarar beneficios. Después de pagar a todos, incluyéndote, busca la forma de gastar el dinero que te sobra reinvirtiéndola en la misma empresa. Si tienes beneficios, tendrás que pagar impuestos por ello. Es mejor que te sirva para mejorar tu potencialidad. Habla con un buen asesor fiscal a ver en que lo puedes invertir mejor, puede ser en maquinaria, en material fungible o en contratación. Consúltalo también con la almohada.

- **Cuidado con el gasto en personal.** Contratar un nuevo trabajador es fácil, pero después es un gasto fijo todos los meses que tiene que verse recompensado con su trabajo en la empresa. Y hay cada empleado que no hay por dónde cogerlo. Un buen trabajador es aquel que tú ves que a medio plazo sigue dando todo lo que es para la empresa, que no simplemente cumple con su horario y funciones, sino que a diario trata de ir más allá. Y sobre todo, que trata bien a los demás. Si ves que alguien no va bien, dale la oportunidad para que trabaje como tú quieres, pero no le des demasiadas. Los malos trabajadores lastran la empresa y minan la moral de los demás. Elimina rápido las manzanas podridas. Hazlo con ética, no montes follones, trátalos bien, pero quítate ese gasto. Tu dinero vale mucho para dárselo a cualquiera, aunque sea un familiar tuyo.

- **Procura estar siempre alerta de promociones, descuentos y ayudas.** Vete comprando a medida que los precios bajan. *"No compres paraguas en época de lluvias"*. Busca o pide ayuda para buscar continuamente subvenciones que te puedan ayudar. Y recuerda que una subvención es solo una ayuda extra e inesperada, que llegará cuando ella decida, no cuando tú la necesites.

- **Gasta algo de dinero en publicidad y marketing,** pero recuerda que la mejor campaña es cumplir con tu trabajo, porque lo que mejor funciona siempre es el *"boca a boca"*, tanto a nivel local como global. Las redes sociales ayudan mucho a promocionar tu negocio, úsalas. Busca portales de tu sector e implícate en ellos.

- **Guarda todos los meses algo de dinero.** No tiene que ser mucha cantidad, pero recuerda que la vida *"es eso que ocurre mientras tú planificabas otra cosa"*. Tener un pequeño *"colchón"* te ayuda a salir adelante. Se supone que en tu planificación económica están cubiertos también los imprevistos, por lo que este dinero extra lo puedes esconder y olvidarte de él. Eso sería lo ideal, que nunca lo tocaras. Puedes pensar que es un fondo de prejubilación. Y en caso de que todo te vaya mal, lo podrás usar para mantenerte a flote.

- **Si aun teniendo una buena planificación, ves que todo está saliendo mal, tranquilo/a,** realiza ajustes y sigue trabajando. El éxito solo llega a los que no se rinden.

Aprende a endeudarte, asumiendo algunos riesgos. Pero si ves que económicamente la empresa se está convirtiendo en un agujero negro, y comienza a absorber tus finanzas personales, no lo dudes, toma medidas inmediatas, como despido de personal, cierre de locales o irte a un local menor, deja de ofrecer muchos servicios y concentrarte en uno. Como si terminas trabajando tú solo en casa, usando tu coche particular como oficina y tu garaje de almacén. Recuerda que una empresa se puede expandir o encoger muchas veces hasta que se estabiliza, y a veces ese punto nunca llega.

- **Y si ves que te vas a endeudar más porque la empresa no va, ciérrala,** echa a todos los empleados y cancela la actividad. Recuerda que el principal valor de la empresa eres tú y tu espíritu emprendedor. Si no te quedas muy endeudado de la primera empresa, podrás abrir otro negocio rápidamente y saldrás adelante de nuevo. Desgraciadamente en este país los emprendedores quedamos muy lastrados (porque nos ahogan) cuando nos falla un proyecto, y nos cuesta mucho remontar.

- **Porque hayas fracasado con una empresa no te dejes vencer por el pesimismo.** Necesitarás un periodo de *"duelo"*. Úsalo para poner por escrito todo lo que crees que hiciste bien y en que te equivocaste. No trates de echarle la culpa, por la pérdida de tu empresa, a la economía global ni a agentes externos. Eso no puedes cambiarlo. Pero tú si puedes mejorar, y así afrontar un nuevo reto empresarial con las lecciones aprendidas del anterior.

Undécimo consejo: Estructura tu negocio.

Muchas empresas comienzan porque una persona sabe hacer algo bien y quiere dedicarse a ello. Cree que ofreciendo ese servicio o vendiendo ese producto podrá ganarse la vida y realizarse profesionalmente. Después incorpora a otras personas que también son buenas en su trabajo. Comienza a tener clientes a los que atender, y todo empieza a caminar. El empresario da por supuesto que, si tiene un equipo formado por buenos profesionales, entonces tendrá una empresa eficaz. Esto es un gran error. Enseguida verá como surgen problemas entre los trabajadores que repercuten en la falta de rendimiento de la empresa. Y que aunque trabajan hasta quemarse, no logran obtener buenos resultados. Al final puede ver como se crea un mal ambiente generalizado, y los que parecían los mejores pueden bajar mucho el rendimiento e incluso terminan yéndose de la empresa. ¿Qué ha fallado? Por muy buenos ingredientes que tengas para hacer una paella, si no sabes hacerla y no sigues los pasos adecuados, lo más que obtendrás será un arroz duro y pegado lleno de trozos crudos.

Tener un grupo de buenos profesionales es fantástico, pero no asegura el éxito de un negocio. La técnica de *"dejar hacer"* no funciona, tienes que estructurar tu negocio hasta el último detalle, y vigilar que se cumpla. Y esto tiene que ser comprendido y asumido por tus trabajadores, aunque sean de alto nivel o autónomos. Cuanto más cree saber un trabajador más cuesta que se adapte a tu forma de trabajar. Tampoco sirve poner todo a funcionar y después tú aparecer de vez en cuando, vas a tener que ejercer un control total y a todos los niveles. El cuerpo humano está lleno de sistemas, aparatos y órganos muy diferentes, pero no va a funcionar bien si cualquiera de ellos va mal, o si no realiza sus funciones, o si no trabaja coordinadamente con el resto. Con que solo uno de ellos falle, la persona puede morir o quedar limitada de por vida. En la empresa ocurre igual.

He aquí algunas recomendaciones que te hago para que puedas tener un cuerpo que funcione lo mejor posible, y te de los mejores resultados. Se basan en dos principios: control y responsabilidad.

- **Establece los principios básicos de tu empresa.** Pon por escrito los objetivos generales, los servicios generales, y valores éticos y morales de tu negocio. Este documento será de obligada lectura a los nuevos trabajadores, que también lo firmarán. Esto es muy importante, porque creará compromiso, y sabrán donde están y cuáles son las reglas de tu juego.

- **Crea tu negocio hacia el interior.** Tienes que crear tu empresa, es decir, que quede claro a todos los trabajadores cuál es la empresa en la que trabajan. Por lo tanto necesitas un logotipo, un color corporativo, tarjetas, etc. donde aparezca claramente el nombre de la empresa y que es lo que hace. Tienes que lograr que tus trabajadores se identifiquen con ella, por lo que hazles tarjetas personalizadas, incluye sus nombres y fotos en la web, dales uniformes si decides que se usen, y toma cualquier medida que fomente que cualquier trabajador se sienta parte de algo más grande.

- **Crea tu negocio hacia el exterior.** Cualquier contacto que se produzca desde fuera debe recibir la misma imagen. Por lo tanto, ese logotipo y datos básicos de la empresa deben de estar en todo lo que pueda ver alguien externo. Desde un cartel, vehículo, portero de llamada, papelería, firma de correo electrónico, respuesta telefónica, todo tiene que tener el sello único de tu negocio.

- **Forma a tu personal sobre la importancia de ofrecer una imagen homogénea y positiva.** Que todos usen la misma firma de correo electrónico, que usen siempre el nombre de la empresa, que se vendan como parte de la empresa, etc. Háblales también de la importancia de mantener una buena imagen personal y un buen carácter hacia el exterior. Por ejemplo, nunca un problema se discutirá delante de un cliente o proveedor, nunca se criticará o descalificará a un tercero, y mucho menos en el bar.

- **Asigna espacios específicos.** Las personas que entran en un negocio suelen expandirse hasta donde pueden o les dejan. Pero tú, antes incluso de que entre alguien nuevo, ya vas a decidir dónde se va a sentar, y con qué recursos va a contar, y con quién se tiene que relacionar. No dejes nada al azar.

- **Asigna puestos y funciones claras.** No dejes que los trabajadores se vayan asignando responsabilidades por ellos mismos. Desde que entren en la empresa deben saber cómo se denomina su puesto (técnico, administrativo, etc.) y cuáles van a ser sus funciones principales. Mantén un contacto total con ellos a medida que se vayan integrando en la empresa para ir asignando o quitando funciones según veas tú como van respondiendo. Recuerda que solo tú decides, los demás sugieren.

- **Crea un lugar para tu negocio.** Ni tú ni tus trabajadores rendirán mucho si no tienen los medios para ello. Por eso debes, a medida que vaya creciendo el negocio, ampliar los recursos destinados a él. Cuando empiezas quizás puedas hacerlo desde casa o en un garaje, pero pronto necesitarás un local. Adecua tu lugar de trabajo para que sea una verdadera empresa, aunque esté dentro de tu casa. Tómate en serio tu negocio, que deberá tener mobiliario adecuado, paredes bien pintadas, iluminación correcta, medios de comunicación e informáticos, decoración. Separa tu negocio físicamente de cualquier otra actividad que se realice en el mismo lugar. Si es una habitación de tu casa, que esa habitación se convierta en una empresa, y que por ejemplo no haya ropa tirada ni platos con restos de comida. Mantén un orden escrupuloso. Parece tan lógico lo que estoy diciendo, pero te sorprenderías de la cantidad de empresas que parecen estercoleros. Dan una imagen pésima y no se trabaja bien. Procura que se haga limpieza y puesta en orden de forma periódica. Y si estás en casa, que no te distraigan a cada momento, cumple tu horario y marca tus distancias.

- **Dispón los medios para tu negocio.** Mínimos recursos para máximo rendimiento. Para alcanzar tus objetivos, necesitas medios físicos, como mobiliario, ordenadores, móviles, herramientas, material de oficina, vehículos, etc. No inviertas mucho desde el principio, pero busca elementos que puedan ser ampliados, y prima lo funcional sobre lo estético. No tengas prisa por comprarlo todo de golpe, habla con amigos y conocidos, o a través de anuncios en internet, y seguro encontrarás material de segunda mano en perfecto estado. No compres dos sillas super exclusivas si cuando necesites ampliar no las vas a encontrar en el mercado. Compra bueno antes que barato, pero sin pagar lujos, solo funcionalidad. No compres lo más barato, porque dura menos y se trabaja peor. Y piensa en conjunto. En vez de comprar 3 grapadoras para cada puesto, quizás puedes comprar una sola pero eléctrica. Promociona entre tus trabajadores el uso razonable de los recursos. Escoge servicios en que no importe mucho el consumo (tarifas planas o gratuidad entre terminales, por ejemplo), y escoge recursos cuyos consumibles sean baratos (más vale gastar en una impresora más cara, pero que tenga el tóner más grande que abarate el coste por página). Permite el uso personal de forma extraordinaria, siempre que no suponga una merma para la empresa, y siempre con tu conocimiento previo.

- **Crea la estructura y niveles de tu empresa.** Olvídate de las estructuras horizontales o libres. Si quieres que funcione, asigna a cada persona su nivel de responsabilidad, sus funciones, y déjale trabajar tranquilo en ese nivel. Que tenga claro a quién tiene por encima, y con quién puede contar como apoyo de su trabajo. No permitas que nadie se salte esa estructura, ni siquiera tu socio/a ni tu familiar. Si ves fallos o posibilidades de mejora, no dudes en corregir los fallos y hacer las mejoras, recuerda que eres tú quien mandas.

- **Crea la estructura informática y de comunicación de tu empresa.** Debes crear una red estable que permita la comunicación efectiva y el almacenamiento de información. Si tienes personal en la calle, da de alta varios móviles, que entre ellos las llamadas tienen coste cero, y repártelos con la obligación de tenerlos operativos en horario laboral. Valora el uso de emisoras, dependiendo del ámbito de trabajo, porque su coste es menor. En tu servidor, crea una carpeta general de la empresa, en la que tú tengas acceso a todo. Después crea subcarpetas por departamentos, con accesos restringidos para cada puesto de trabajo. También puedes crear accesos externos, por si alguien trabaja desde el exterior. Crea un calendario compartido en el que todos puedan ir apuntando los eventos que tienen. Usa la informática para convocar las reuniones, y que los trabajadores tengan accesos al orden del día y a las actas. Y crea un único e-mail externo de la empresa si es pequeña, de forma que todos vean lo que sale y entra. Si es grande, crea tantos e-mails como departamentos, pero no te recomiendo que crees un e-mail por persona, porque así se fomenta la dispersión de la información y la personalización del negocio. Fomenta que todos tus trabajadores usen internet y las nuevas tecnologías en tu negocio. Impide que guarden información en el escritorio del ordenador o en pendrives, todo debe quedar guardado en el servidor. Permite el uso de pendrives si es necesario, pero solo como medio de transporte, no para trabajar con información. Si tienen móviles con internet (de la empresa o personales) crea grupos en aplicaciones de comunicación (como Whatsapp, Line) o sociales (como Facebook, Twitter, etc.), y úsalos diariamente para que tus trabajadores estén comunicados con la empresa.

- **Crea la estructura temporal de tu empresa.** Planifica temporalmente tu empresa. Lo primero es establecer al menos una reunión semanal. Es importante que tengas una visión de hacia dónde quieres ir la próxima semana, el próximo mes, y el próximo año. El calendario te permite ver eventos, pero no objetivos. Estos últimos los tienes que tener claros, e ir dirigiendo toda la empresa, es decir, trabajadores y recursos, hacia la consecución de los mismos. Tienes que adelantarte a los acontecimientos, y tener todo preparado cuando estos lleguen. El tiempo es el factor limitante, y tienes que hacérselo ver bien claro a los trabajadores. Si pierden el tiempo en conversaciones demasiado largas, en temas personales, en tareas improductivas, etc., están malgastando lo más valioso que tiene tu negocio. No lo permitas.

- **Dirige la empresa.** Tienes que estar ahí, disponible continuamente. No seas de esos jefes que nunca se sabe dónde están. Eso implica realizar tu reunión semanal, y reuniones parciales con algunos trabajadores. Procura tener un administrativo/a que te ayude. Si tienes temas personales que resolver hazlos sin problemas, pero no te pierdas a diario. Y que sepan, si no vas a estar disponible, a quien pueden dirigirse o como hacer. Tienes que dejar todo bien atado. No te preocupes por darle responsabilidad y autonomía a tus trabajadores, te sorprenderás de lo bien que son capaces de trabajar sin ti.

- **Resuelve los problemas rápidamente.** No esperes ni demores innecesariamente tu toma de decisiones. Si existe un problema entre dos trabajadores, habla con los dos por separado y al mismo tiempo después, y resuélvelo, toma decisiones aunque no les gusten a los dos. Pon el énfasis en que lo más importante es tu empresa, y eso obliga a tomar decisiones difíciles. Solo tú tienes la visión global de lo que quieres, y la responsabilidad para decidir sin sentimentalismos. Que se sepa que en tu empresa todo se resuelve rápido y eficazmente.

- **Organízate por objetivos.** Reunión semanal. Todas las semanas tomate en serio la reunión semanal, no dejes que no se realice. Con estas reuniones aprovecharás el bien más preciado de las personas, que son las sinergias entre ellas. Así crearás realmente un verdadero equipo de trabajo. Es imprescindible para ver cómo se va avanzando y por donde hay que ir. Si estás tú solo, hazla contigo mismo. No sirve de nada correr si no sabes hacia donde estás yendo. Si estás de viaje, usa las nuevas tecnologías (Skype, Line, etc.). Márcala en el calendario compartido. Crea un orden del día que esté a la vista en el servidor, y donde puedas añadir los temas nuevos que te plateen. Cuando la realices, que no dure más de hora y media, y tú vas a tener que dirigirla para que ningún tema se alargue. Deja que la gente hable, pero con buen tono. Tu personal agradecerá que se le escuche y podrá exponer sus problemas y logros. Si ves que se desmadra, párala en seco y pasa al punto siguiente, ese tema conflictivo lo resolverás fuera de esa reunión. No te metas con minucias, deja que esas cuestiones las resuelvan ellos aparte, dales algo de cancha. Asigna trabajos y responsabilidades, y toma decisiones, que se vea que existe un capitán que lleva el barco. Y fija objetivos a cumplir en esa semana, que serán verificados en la reunión de la semana siguiente. Busca a un trabajador que sea bueno tomando notas (puede ser tu administrativo/a más directo), y crea un acta, no demasiado larga, pero bien redactada. Esa acta debe estar en el servidor compartida, y disponible para todos los participantes. Haz énfasis en que en tu negocio lo importante es cumplir objetivos concretos.

Duodécimo consejo: Gestiona con mano decidida a tu personal.

Tal y como te comenté en el consejo anterior, no puedes dejar nada al azar. Y menos al personal. La elección de las personas que irán a tu lado en tu negocio es una decisión muy difícil de tomar, y es muy fácil equivocarse. Tú estás dispuesto a darlo todo por tu empresa, pero ¿Serán los demás capaces de hacer lo mismo? La respuesta es no. No les pidas que sean tan exigentes y cumplidores como tú. No van a dar tanto. Solo si logras que se sientan parte de algo, asumirán la empresa como propia, y trabajarán velando por los intereses de tu negocio. Pero lo que si puedes hacer es seleccionar personas que complementen y enriquezcan tu empresa. He aquí algunas recomendaciones que te hago al respecto:

- **Participa siempre en la selección de tu personal,** pero procura que haya más gente contigo. Hazte antes del proceso un esquema por escrito de lo que necesitas, de cuáles son los puntos fuertes que estás buscando. No hagas esperar a los candidatos/as y trátalos correctamente. No te vas a encontrar con el candidato perfecto/a, pero habrá alguien que tenga mayor número de características de las que deseas. No selecciones por la primera impresión, y ten en cuenta la opinión del resto de las personas que participan en el proceso. La última decisión la tomarás tú. No dejes de llamar a ningún candidato/a, tanto si es seleccionado como si no. Ojo con meter a familiares o amigos en tu empresa. Tienes que dejarles claro que son uno más, asígnales sus funciones y no les des privilegios sobre otros. Que se ganen el tener la oportunidad de trabajar contigo. Suele ocurrir que los familiares del jefe se creen con prebendas que en realidad nadie les ha otorgado. Si no paras su expansión, se convertirán en un problema grave en tu empresa, asumiendo un poder que nadie les ha otorgado y tratando mal a los que les rodean. Y es difícil de detectar, porque el resto de trabajadores no querrán hablar contigo sobre tu familiar.

- Forma a tu personal desde el inicio y por siempre. Si al principio puedes ofrecerle un dosier sobre tu empresa, mejor. Un documento con la estructura, los objetivos, los valores, su puesto, sus funciones, su grado de responsabilidad, y a quien tiene que dirigirse en cada caso. Que se sienta parte de tu proyecto, de tu visión. Haz especial hincapié en lo importante de tratar bien a los demás para tener un buen ambiente laboral. Los problemas personales o el mal genio tienen que dejarlos fuera de tu empresa. Remarca que el camino para que tu empresa haya llegado a este momento ha sido complicado, duro y con mucho esfuerzo, y que ahora él/ella llega a la empresa y tiene la responsabilidad de hacer honor a tanto esfuerzo. Y nunca abandones a un trabajador en su formación. Busca formación gratuita o través de empresas que te permitan formarlos bien con el paso del tiempo. Si ves que un trabajador rehúsa seguir formándose, tú tienes que pensar que es una persona que no quiere crecer, que cree que ya lo sabe todo, y por lo tanto no te interesa a medio plazo.

- No dudes en enseñarle todo lo que necesita para hacer bien su labor, y ofrecerle todos los recursos necesarios. Hasta pasadas unas semanas no sabrás como va realmente. Dale algo de tiempo para adaptarse. Al principio el trabajador se siente contento pero agobiado por todo lo que tiene que aprender. Además tiene que ir haciendo relaciones con todos los compañeros de trabajo. No todo el mundo tiene las mismas habilidades sociales, y puede ser que le cueste entrar. Además, se puede encontrar con otros trabajadores con los que choca de entrada, como si tuvieran incompatibilidad de caracteres. Se van a producir roces seguro, pero depende de la voluntad del nuevo y de los que ya están para que la sangre no llegue al rio. Tú tienes que hacer respetar tu decisión de haber incorporado a esa persona, que los demás lo vean como inevitable, y no como un capricho del jefe. Así no presionarán para que lo/la eches.

- **No dejes que se sienta solo/a.** Preséntalo/a adecuadamente al resto de la plantilla. Incorpóralo/a a la reunión semanal, y ten en cuenta sus opiniones. Al principio será más callado/a, pero pronto comenzará a aportar. Escúchalos en serio. Una empresa se enriquece cada vez que entra nuevo personal. Recuerda que la riqueza de una empresa no está en lo material, sino en el personal que tiene. Y si ya existen otras personas en su mismo puesto, debes indicarle a quien se debe dirigir para resolver las dudas, e incluso los primeros días puedes ponerlos a trabajar juntos. Involucra a tus trabajadores en la formación de los nuevos, que sepan todos que forman parte de un equipo donde hay que ayudarse continuamente. Esto evita que la gente piense que tiene su puesto de trabajo con sus funciones y a los demás que les den.

- **Como tendrá bien definidas sus funciones, su puesto, y su responsabilidad no tiene por qué haber demasiadas fricciones con los demás.** Así todo, al principio tendrá muchas dudas, y tiene que tener alguien a quien preguntarle. Tú debes incidir mucho en que se haga todo respetando las normas de la empresa, sobre todo con respecto a la imagen del exterior. Esta persona, si tiene claras las funciones y límites, se expandirá hasta ellos sin desestabilizar la estructura. Piensa en un globo que lo hinchas dentro de una caja que ya tiene otros globos, si se hincha demasiado desplazará a los demás, y alguno terminará explotando, incluso él mismo. Por eso es tan importante que el trabajador sepa adaptarse a su puesto, y por eso tú tienes que tener la empresa bien configurada.

- **Fomenta el crecimiento personal.** Todo nuevo trabajador incorpora habilidades que nosotros desconocemos cuándo los contratamos. Solo a medida que tienen la oportunidad de desarrollarlas las harán visibles. Puedes tener un fontanero que resulta ser muy buen informático, o una administrativa que sabe editar música digital, una comercial que sabe diseño gráfico, o un conductor con grandes habilidades sociales. Deja que se impliquen en la empresa con eso que se les da bien, pueden participar en el diseño gráfico, en la música de los proyectos, en la presentación al público, o creando una base de datos, aunque esos no sean su trabajo principal. Quién sabe, a lo mejor eres tú el que tienes que reordenar los puestos de trabajo pasado un tiempo.

- **Fomenta la flexibilidad y el cambio.** Todo trabajador/a crea su espacio vital, en el que se siente cómodo. No solo ajustan la altura de la silla, sino que en pocos meses tienen varias fotos, sus cajones que solo domina él/ella, etc. Tienes que fomentar que en tu empresa lo normal es el cambio, no la estabilidad. Consúltales periódicamente que mejoras podrías hacer en los puestos de trabajo, y si lo ves factible, realiza algunos. Ellos lo agradecerán y sentirán que su opinión cuenta. Pero también acostúmbralos a que de vez en cuando todo puede cambiar, desde la ubicación en la oficina hasta un cambio de local, desde el uniforme si lo hay hasta como se habla a los clientes. Realiza cambios tanto positivos como negativos si es necesario. Para ello dilo con antelación, para que a nadie le coja por sorpresa.

- **Hay tres tipos de trabajadores:** los que trabajan dándolo todo, los que trabajan cumpliendo bien, y los que tratan de sobrevivir día a día. Después de algunos meses cada uno demostrará lo que es realmente (bueno, hay algunos que se les ve el plumero enseguida), porque nadie puede fingir demasiado tiempo. A medida que vayas descubriendo la verdadera personalidad de tus trabajadores, vete incidiendo en ellos para perfilar determinados comportamientos o formas de trabajar. Pero no te equivoques, a las personas no las puedes cambiar, cada uno tiene su personalidad. Si no te gusta el carácter de alguien no lo dejes seguir en la empresa por muy efectivo que sea, a no ser que sea precisamente eso lo que quieras tener, una persona de mal carácter dentro, pudriéndote el negocio. Recuerda que una sola manzana podrida se carga la cesta completa. Líbrate de las personas excesivamente prepotentes, quejosas, chismosas y/o malhumoradas. Tú tienes el poder para elegir el ambiente de tu empresa, y supongo que querrás que sea bueno. Cuando veas algo que no te gusta, trátalo sobre la marcha, no lo dejes pasar. Los problemas no desaparecen solos, hay que solucionarlos.

- **Roces entre trabajadores.** Siempre surgirán problemas entre los trabajadores, porque son personas. Déjales claro a todos que no es necesario ser amigos, pero que en tu empresa tienen que obligarse a ser buenos compañeros de trabajo. Y que los problemas que ocurran son siempre profesionales, no dejes que pasen a descalificaciones personales. Todos los roces tienen que quedar en el ámbito profesional y sobre cuestiones del trabajo, no permitas que lo pasen al ámbito personal, ni que les afecte en la vida privada. Explícales que cada uno tiene el poder todos los días de crear a su alrededor el ambiente que quiera tener en el trabajo, si son malhumorados y chismosos, eso es lo que ellos mismos fomentarán. Seguro surgirán problemas, pero si tú has definido previamente la organización, estructura y funciones de todos ellos, los habrá en menor medida. Tienen que estar acostumbrados a hablar con su jefe de forma rutinaria, porque así lo harán también en caso de haber cualquier problema, o al jefe de su jefe si el problema es con su jefe directo. No pretendas que te cuenten un problema si tú previamente no has fomentado la comunicación contigo. Si un trabajador a medio plazo se va enemistando con todo el mundo, prescinde de él. Y cuidado con tratar con excesiva deferencia a un trabajador sobre otro, o dar funciones incorrectas, o dejar que alguno se coja responsabilidades que no le corresponden. Hay personas que por ser familia del jefe, o por pensar que le cae bien, o por ser simplemente un trepa, van tratando mal a los demás y tratan de escalar en la empresa mandando y pisoteando, usando además malos modos y artes. Y es que son expertos en aprovechar los vacíos de poder, así que no los crees. En cuanto tengas quejas de alguien así, párale los pies de golpe. Los mejores trabajadores no soportan a los trepas, y si no resuelves este problema a corto plazo tus trabajadores lo pasarán mal y rendirán menos, y a largo plazo se plantearán irse de tu empresa. A los buenos no les gusta trabajar en un mal ambiente y menos con una bota encima. Te pongo una frase real que escribió un amigo sobre la situación en su empresa, y que demuestra la incompetencia de los jefes: *"Trabajar con/para incompetentes es jodido, pero que encima tengas que trabajar con una ¡¡hija de puta!! ¡¡¡Qué por qué se la chupa al jefe se cree la que manda!!! ¡¡¡Pero si no sabes sacarle la punta a un lápiz, inútil!!!"*. Creo que el párrafo es suficientemente esclarecedor. Por cierto, esta frase la escribió tal cual en Facebook. Ese es un error que no debes permitir ni cometer. Los problemas de tu empresa deben quedar siempre dentro de tu negocio. Por supuesto no puedes evitar que un/a empleado/a molesto/a hable con su mujer/marido en casa mientras prepara la cena, pero debes procurar que no pase de ahí. ¿Cómo?, pues no dejando que los problemas se alarguen ni se enquisten, hay que resolverlos rápido. Si te encuentras con que alguien ha hecho un comentario de este tipo, habla con él/ella para que no lo repita, pero mete mano en tu empresa y resuelve el conflicto.

- **Rodéate siempre de gente especializada que sepa más que tú.** En una entrevista de trabajo es difícil valorar realmente a una persona. Busca trabajadores/as que sean muy buenos/as en algo que necesite tu empresa. Pero a medida que trabaje fíjate en determinados aspectos que te dirán si son buenos trabajadores a largo plazo o no, como por ejemplo el tener iniciativa propia, el tratar bien a los clientes y compañeros, el no hablar mal de terceras personas, el ser puntual y cumplidor con los demás. Una buena señal también es que te cuestionen como hacer las cosas, siempre que lo hagan en un buen tono, porque significa que se están preocupando por la empresa y que están dando todo lo que son. Aunque las decisiones finales las tomes tú, no dejes de valorar la contribución de los demás en cada faceta. Y cuando más se fijan en cómo funciona todo es al principio, y es en ese momento cuando pueden detectar fallos que tú no ves. Recuerda lo que ya te he dicho, el principal valor de una empresa es el capital humano.

- **Vida privada y control del tiempo.** No te metas en conocer la vida privada de tus trabajadores. Todos tenemos problemas y alegrías en nuestra vida personal, y no siempre queremos compartirlas en el trabajo. Recuerda que los compañeros de trabajo pueden convertirse en grandes amigos, pero no por trabajar juntos dos personas van a hacerse amigos. Lo que a ti te importa es que un trabajador sea estable, esto es, que cumpla con sus funciones, que no vaya creando huecos funcionales por su ausencia y/o falta de rendimiento, y que mantenga una postura y carácter estable en la empresa. Habrá trabajadores que creerán que cumpliendo únicamente con su horario de trabajo ya han hecho más que suficiente, pero tú sabes que eso no es cierto. Un buen trabajador es aquel que cumple más allá de sus meras funciones básicas, y que lo realiza cuando es necesario. Por eso debes fomentar y exigir el cumplir con los objetivos, pero al mismo tiempo debes ser flexible con los horarios. Todos tenemos un asunto médico, familiar o del colegio de los niños. Haz que tus trabajadores se organicen para cumplir con sus cometidos, y que puedan al mismo tiempo cumplir con su vida personal. Si se sienten cómodos en este aspecto, valorarán positivamente la empresa mucho más allá de considerarlo un simple lugar de trabajo. Eso sí, procura poner un sistema de fichaje horario, o una plantilla de rendimiento que deban rellenar. Y si alguien no está, incluyéndote, se debe saber por qué. Acostumbra a tus trabajadores a hablar con su jefe si existe un problema personal que pueda afectar a su rendimiento en la empresa. Y acostumbra a los trabajadores a que digan con antelación suficiente si van a faltar, ausencia que se pondrá en el calendario compartido, para poder hacer una planificación adecuada, y que así no suponga una merma en el rendimiento de la empresa.

- **Trabajar en asuntos personales.** Todo trabajador necesita de vez en cuando un recurso de la empresa para algo personal. Ten recursos y herramientas en los cuales el consumo no sea importante, de forma que no suponga ninguna merma su uso personal. Deja claro de antemano a tus trabajadores lo que sí puede hacer y lo que no. Hacer alguna llamada de vez en cuando no supone ningún problema, pero pegarse al teléfono toda la mañana, un día y otro día, eso es un claro abuso del recurso y una pérdida de efectividad laboral que no puedes permitir. Lo mismo ocurre con el uso del material fungible o de copia. Si un trabajador necesita una fotocopia del DNI para un tema personal, no debe haber problema en hacerla, pero todos los días sacando copias personales no. Tienes que controlar a tus trabajadores para que usen los recursos de tu empresa para tu negocio, no para el de ellos. Y acostúmbralos a pedir permiso para su uso personal. Tú lo concederás si no lo ves exagerado, y que siempre tengas tú conocimiento del uso, aunque sea a posteriori (te pueden venir y decir que tenían que hacer algo muy urgente y que lo hicieron sin consultarte). Valora la sinceridad ante todo. Porque sinceridad implica lealtad. Y ten cuidado, hay profesionales que usan su empleo para realizar trabajos externos, utilizando tus recursos, tu tiempo o ambos. Si los coges mintiendo en algo así, malo, malo.

- **Tiempo por dinero.** Hay trabajadores que piensan que ellos cobran en función del tiempo que están dedicados a la empresa. Pero tú sabes que no es así. Y los ves esperando que sea la hora para salir por la puerta. Si han terminado su trabajo, muchos de ellos se preguntarán que qué hacen., lo cual demuestra que no son buenos trabajadores. Porque un buen trabajador nunca termina, siempre tiene temas en la cabeza por resolver. Implicados/as en la empresa, ya te han planteado algunas actividades que podrían realizar, a las que tú ya les has dado el visto bueno, así que aprovechan los tiempos libres para realizar aquellas pequeñas tareas que nunca hay tiempo para hacer, desde trasladar una estantería a hacer limpieza del disco duro. También pueden ser leerse ese dosier que se quedó por ahí, o buscar nueva información para un nuevo proyecto. Un buen trabajador/a es una persona implicada e inquieta, y siempre le va a faltar tiempo.

- **Mantén activos a tus trabajadores.** Porque incorpores a un buen trabajador a tu empresa, no significa que él ya sepa lo que tiene que hacer. Tienes que insertarlo bien en tu empresa, tal como ya te comenté, pero además más que un jefe, tienes que ser un guía. Hay que dirigirles sobre lo que tienen que hacer, y mantener siempre un seguimiento sobre sus tareas. A medida que vayan terminando algunas, deberás planificar las nuevas, y permite que ellos opinen sobre la planificación. Así se sentirán más implicados con la empresa. Si ellos ven una planificación correcta a medio plazo de la empresa, trabajarán mejor porque sabrán lo que viene. Cuando alcancen algún objetivo difícil, tienes que reconocérselo. Y ¡Mucho ojo con los plazos! No permitas que en tu empresa todo se deje para última hora. Da una imagen pésima y crea un estrés innecesario que afecta a todos. Los trabajadores tienen que acostumbrarse a realizar las tareas dentro de plazo, y esto significa que no puede ocurrir que el último día de plazo estén trabajando como locos para entregar algo.

- **Paga y recompensa a tus trabajadores.** El empresario tradicional piensa que con pagar regularme a un trabajador éste tiene que cumplir al máximo. Pero los trabajadores/as son personas y por tanto son muy complejas, también en cómo se sienten recompensadas. A algunas les basta con dinero, otras prefieren el reconocimiento público, otras prefieren que las dejen trabajar todavía más aisladas, o que le pongas una silla mejor, otras quizás un ascenso para controlar más personal, o quizás cambiarlas de puesto, un cambio de horario, o flexibilidad laboral. Tienes que investigar y conocer a cada trabajador, y llegar a conocer que es lo que le motiva más. Así podrás darle el trabajo y las funciones que más les recompensan. De esta forma, ya les estarás pagando por adelantado, ya se van a sentir recompensadas por ti. A medida que vayan trabajando y dándolo todo por la empresa, vete premiándoles dándoles trabajos que más les recompensen. Cuidado aquí con los trabajadores *"estrella"*, esos que van pregonando lo buenos que son. Valora su trabajo real, no lo que propagan, porque generalmente se echan flores de más en detrimento de otros. Y fíjate bien en aquellos trabajadores que apenas dicen nada, porque aunque sean callados no significa que no estén trabajando. Habla con ellos, y fíjate en sus necesidades. Como ya dije, cada trabajador se siente bien recompensado de forma diferente, unos con dinero, otros con flexibilidad laboral, otros con reconocimiento público, etc. Recompensando de forma individual vas a evitar celos entre los trabajadores, porque vas a recompensar a uno con algo que a otro no le interesa. Pero de todos modos, la miseria humana es enorme, y encontrarás como tus trabajadores te hablan mal de otros, como los menosprecian, como tienen celos. Eso es difícil evitarlo. Lo único que puedes hacer es tomar tú de forma muy clara las decisiones, que vean que piensen ellos lo que piensen en este barco hay un capitán, y que además recompensa bien a sus trabajadores.

- **Aprende a despedir a tus trabajadores.** Cuando, a pesar de todos tus esfuerzos, ves que una persona no solo no se integra sino que se vuelve una manzana podrida, no esperes demasiado. Si no comparte tu filosofía de empresa le puedes dar un par de toques, pero no más. Prescinde de ella y busca a alguien nuevo. Quizás en otra empresa se sienta más cómoda que en la tuya y sea más feliz. Tu seguro lo vas a ser quitándote ese problema de encima. No dudes. Hazlo con buen talante, rápidamente y sin armar follón. Pero no alargues innecesariamente la presencia de un mal trabajador, porque dañará a los demás.

Decimotercer consejo: Los trabajadores son empleados, tú no. Las ventajas del empleado.

Tanto te he hablado de que tienes que estar pendiente de tus trabajadores, que quizás pienses que son más importantes que tú. Pues no, TÚ eres el valor más importante de la empresa. Por supuesto que tienes que recompensarles adecuadamente, ofrecerles un puesto de trabajo adecuado, estar pendiente de sus peticiones y necesidades. Pero recuerda que ellos están contratados por ti, al igual que podrían ser contratados por otro. La única diferencia es que tú los has elegido a ellos antes que otro, has sabido ver su valía donde quizás otro empresario vio debilidad.

Los trabajadores son personas de otra esfera de pensamiento diferente a ti. Para ellos, su mayor éxito profesional es tener un puesto, un buen sueldo, y trabajar para otros hasta su jubilación. Tienen mentalidad de empleados. Pero tú estás hecho de otra madera, porque piensas que quieres tener éxito creando tu propio trabajo, realizando tu sueño. Hazte estas preguntas: ¿Quién crees que tiene razón?, ¿Cuál es la mejor vía para ser feliz en el ámbito profesional?

Espero que hayas razonado y llegado a la conclusión que ambas posturas son correctas, pero sobre todo, ambas son necesarias. Tú has nacido con el gen de emprendedor/a, pero pocos somos los que lo tenemos. Es una inquietud interior que te obliga a sentirse incómodo cuando trabajas para otros, aunque lo hagas bien, y que te impulsa a crear tus propios negocios, aunque a veces se queden solo en proyectos. La mayoría de los mejores empresarios de hoy fueron buenos trabajadores en el pasado, y aprendieron mucho de esa experiencia.

No todos podemos ser emprendedores. No trates de convencer a una persona con mentalidad de empleado que lo mejor es arriesgar su dinero, su tiempo y su esfuerzo en montar una empresa. Por mucho que se lo expliques no lo va a entender. Y cuando fracases una vez, y otra, y aun emprendas un nuevo proyecto, no trates de hacerle ver que lo que estás haciendo es lo correcto, porque muchos pensarán que has perdido el Norte.

En tu empresa puedes crear muchos puestos diferentes. Para cada uno de ellos necesitas un perfil muy ajustado. Es importante que busques personas que, aunque tengan mentalidad de empleados, les guste mejorar en su trabajo, quieran hacer las cosas de forma diferente, que tengan el valor de comentarte lo que ellos cambiarían. Necesitas personas que se sientan cómodas como empleados, pero que al mismo tiempo tengan inquietudes de emprendedor, que sean inconformistas. Si tienen ideas coherentes, son leales, y tratan bien a los demás, vete dándoles toda la cancha necesaria para que se sientan implicados en la empresa como si fuera de ellos/as.

Ahora fíjate en lo que tiene un empleado que tú, como empresario, no tienes, por ejemplo:

EMPLEADO	EMPRESARIO
-Paga mensual puntual.	-Tú cobras en función de cómo vaya el mes. Muchos meses no solo no cobras, sino que tienes que poner dinero.
-Vacaciones pagadas.	-Tú, aunque te vayas de vacaciones, seguirás pendiente de la empresa.

-Baja laboral si se pone enfermo.	-Tú no solo no cobras si te pones enfermo, sino que la empresa sufrirá tu ausencia.
-Cobra indemnización y paro si lo echan.	-Si tú tienes que cerrar o cambiar de actividad, no vas a cobrar nada, y te costará dinero cerrar.
-Defensa legal de los sindicatos.	-Si tú tienes un problema, te tienes que pagar el asesoramiento y las costas.
-Cotización para la pensión.	-Tú tienes que ir ahorrando o crearte un buen plan de pensiones.
-Petición de préstamos con su nómina.	-Si quieres comprar un bien de consumo, es difícil que te den un préstamo porque no tienes nómina.
-No depende de los altibajos del mercado.	-Tú negocio puede fallar por causas externas a ti.
-Va haciendo Curriculum.	-Tú no puedes poner en tu Curriculum que tuviste una empresa que fracasó, aunque hayas aprendido con ello.
-Se forma en el trabajo, muchas veces gratuitamente y en horario de trabajo.	-Para formarte tienes que ser autodidacta, o pagarte la formación.

| -Hace contactos con clientes que pueden ayudarle en su futuro laboral. | -Tienes muy buenos contactos mientras tengas dinero. Después te quedas solo. |
| -Cuando le echan o se va del trabajo, sigue teniendo recursos económicos. | -Cuando cierras tu negocio, te quedas endeudado sin poder emprender de nuevo. |

Aunque existen más diferencias, creo que con lo que has visto es suficiente para que te mentalices que el que lo tiene realmente difícil eres tú, no tus empleados. Que no te de pena tomar decisiones que les afecten, como:
- cambiarles de horario o de puesto de trabajo.
- librarte de ellos si no dan la talla o te la juegan.
- despedirlos cuando la empresa está en horas bajas.

Es cierto que cuando una persona con mentalidad de empleado es despedida se siente muy mal, se plantea su vida y todo se le tambalea. Pasa por una fase de depresión que necesita superar. Pero en realidad su situación no es tan mala. Tiene cobertura económica y tiempo para su vida privada, además de tiempo y recursos para buscar un nuevo empleo. Incluso su *Curriculum vitae* ha mejorado. Se le abre una nueva oportunidad de cambiar de profesión, hasta de forma de vida. No te sientas culpable por haberlo despedido. Si era un empleado valioso y estaba contento contigo seguirá hablando bien de ti porque ha comprendido las razones del despido. Y si no era valioso y te la estaba jugando por detrás por mucho que hable mal de ti sus actos en la siguiente empresa hablarán por él/ella y perderá toda credibilidad.

Recuerda, el emprendedor es una raza aparte, y tú tienes la suerte de pertenecer a ella. También es una maldición porque siempre estarás en un estado de inconformismo, de querer crecer, de querer triunfar, y en el punto de mira de personas que querrán hacerte daño.

La existencia de personas con mentalidad de empleados es imprescindible para que las empresas triunfen. No todos tienen la visión de montar un negocio propio, y muy pocos se atreven. Gracias a la labor diaria en sus puestos de trabajo, las instituciones y empresas salen adelante.

La mayoría de las personas no quieren asumir el riesgo que supone jugarse todo por un negocio. Prefieren tener horario definido, sueldo definido, vacaciones pagadas, y no demasiada responsabilidad. Y así son capaces de pasarse toda su vida laboral, buscando y viviendo ese sueño de estabilidad. Lo que no saben es que la estabilidad no existe. Que siempre que te paras en realidad estás retrocediendo, porque nuevas ideas y personas arrasan y crean lo que hasta entonces era imposible triunfando en todos los aspectos de la vida. Pero los empleados siguen en su zona de confort, tranquilos sintiéndose seguros. Déjalos, no trates de explicarles que realmente los que están corriendo riesgo son ellos, no lo van a entender.

Decimocuarto consejo: El empresario es el demonio.

¡Que viene el lobo!, ¡Que viene el lobo! A los empresarios nos han dibujado con chistera, cuernos y rabo. Y es que en la sociedad en la que vivimos existe la falsa leyenda urbana de que casi todas las mejoras sociales que disfrutamos actualmente fueron alcanzadas gracias a la lucha encarnizada de los sindicatos contra los empresarios explotadores que esclavizaban al pueblo. Y que la conquista de la democracia en muchos países fue gracias a la revolución de los trabajadores frente al poder establecido. Y ese cuento está tan enraizado en nuestras mentes, que cuando vemos a un empresario de éxito pensamos que es un explotador, que seguro hace chanchullos y que no se merece lo que tiene. Pero la verdad es que los avances sociales han sido gracias a aquellos los que en algún momento estuvieron dispuestos a jugárselo todo por crear un mundo que funcionara mejor, y en esto hay que incluir a los empresarios más emprendedores y arriesgados, aquellos que lograron lo que otros decían que era imposible, que abrieron nuevas perspectivas laborales en campos empresariales que no existían.

En este país cometemos muchos pecados, entre ellos la corrupción y el caciquismo, que nos han llevado a donde estamos ahora. Pero para mí hay un pecado capital que perjudica mucho al emprendedor y es la Envidia. No solo considerada como el deseo de los bienes y éxitos ajenos, sino también como el desear el mal al prójimo, y el sentirse bien con el mal ajeno. Es más, prefieren que no se haga nada nuevo antes de que lo haga otro, aunque ellos jamás darían ese arriesgado paso. Se trata de mantener las cosas como están, aunque estén mal, todo el que intenta emprender es enemigo potencial al que hay que combatir. No te voy a poner ejemplos porque seguro tú conoces demasiados. En este país es increíble que la mayoría de las personas se queden encandiladas con los grandes mitos de la sociedad, ya sea realeza, política o deporte, pero como al mismo tiempo deseamos que fracasen los que han tenido éxito empresarial. Quizás sea para justificar nuestra propia existencia mediocre.

Y así, vemos que cuando en algún pueblo o barrio una persona trabaja duro, crea su empresa y logra consolidar un negocio que emplea a muchas personas, comienza a ser envidiado y corren los malos rumores por todo el pueblo. Muchas personas hablan mal de él/ella y en su interior desean que fracase. Y cuando esa persona, gracias a su esfuerzo, logra tener mejores propiedades, mejores coches, más tierras, se encuentra con el rechazo y desaprobación de sus conciudadanos, que lo ven como un chupóptero que ha desangrado su tierra. Por eso hay muchos *"ricos agachados"*, personas que disfrutan de su riqueza de puertas para dentro, porque saben que disfrutar de su éxito en público supondrá que lo marquen de por vida.

Y qué decir de la lucha contra la falsa competencia. Cuando en un lugar hay un establecimiento de toda la vida, por ejemplo un restaurante, y otros emprendedores tratan de abrir el mismo tipo de negocio, verán como se le ponen todas las trabas del mundo, y se ganarán muchos enemigos por tener la osadía de querer abrir un nuevo negocio, y es que la idea extendida es que la competencia es mala. De esto podría poner varios ejemplos que conozco. Donde el que ya tiene un negocio va a hablar con el político de turno para tratar de impedir que un nuevo empresario prospere. Y esto es un gran error. Si en un pueblo pequeño o barrio hay un solo restaurante, poca gente irá a comer. Pero si hay varios, vendrá mucha gente, porque será un punto para ir a comer, la gente irá sin saber a qué restaurante ir, pero con la seguridad de que comerá. Y así cuantos más locales existan de la misma actividad, más éxito de ventas para todos. De esto existen muchos ejemplos, como las zonas comerciales de las ciudades.

Es increíble ver como algunas personas ni siquiera se relacionan con otras cuando creen que no son nadie, o como se acercan y tratan con falso cariño a los ricos y poderosos de su entorno, pero desprecian y marginan a esas mismas personas cuando fracasan y se hunden. Como todos hacen leña del árbol caído, incluso antes de llegar al suelo.

Por lo tanto, seas como seas, y hagas lo que hagas, recuerda que tú, por el hecho de ser empresario, ya eres el mismo demonio. Aunque demuestres tu honestidad y tu franqueza a la hora de trabajar y tratar a los demás, no bajes la guardia, porque dentro de tu propia empresa habrá quién te la intentará jugar, tratará de ser más listo que tú, porque es la forma de demostrar que valen más. No te fíes demasiado de nadie, incluyendo de los familiares que puedas tener contratados. Te sorprendería saber los chanchullos que algunos empleados son capaces de hacer con tu empresa, tus recursos, tus empleados, tu mercancía. Y todo por querer tener más dinero o poder, o demostrar quienes son ellos, más listos que nadie. Mantén los ojos bien abiertos, sin dudar en otorgar confianza donde haga falta, pero también establece medidas que te permitan controlar la lealtad de tu personal. Cualquiera puede meterte una puñalada mortal cuando menos te lo esperes, o engañarte durante años sin que te des ni cuenta. En general, te puedo decir que la gente que ha empezado de más abajo contigo suele ser la más leal a medida que pasan los años y suben en la empresa, pero esta no es una norma que siempre se cumpla.

Si te conciencias de que eres *"el demonio"*, de que siempre habrá gente dentro y fuera de la empresa que hablará mal de ti, te será más fácil tomar decisiones traumáticas para los demás, y te será más fácil controlar tu empresa. Porque recuerda que hagas lo que hagas tu imagen no será buena para algunos. Si eres honesto, honrado y amable, te considerarán blando y mojigato, y si eres exigente, responsable y cumplidor, te considerarán un cabrón.

La vida del empresario es muy solitaria. Por mucho que te rodees de personas, tu camino será doloroso y en soledad. La mayoría de las veces no te comprenderá nadie, ni tus empleados ni tu familia. Y tendrás que, una vez que escuches a los demás, tomar decisiones impopulares que no gustarán a nadie. Y cuando te equivoques te dirán *"te lo dije"*, y cuando aciertes te dirán *"yo ya lo sabía"*. Si tienes éxito en algo, todos se acercarán a sacarse la foto contigo, y si fracasas todos huirán de ti. Pero debes seguir adelante con tu proyecto. La soledad es uno de los precios que hay que pagar por ser emprendedor.

Decimoquinto consejo: En una manada de lobos el cordero no sobrevive.

Te tendrás que enfrentar a tantos problemas cuando seas empresario (léase endeudado), que a veces parecerá que no puedes con todo. Hasta los emprendedores más decididos pasan por momentos de angustia y de dudas. Por eso es tan importante tener un buen Plan, que lo puedas consultar una y otra vez hasta que lo sepas de memoria. Pero sin duda el valor más importante de un empresario en los momentos de dificultades es Él mismo. El carácter del emprendedor vale oro. Es la postura frente a las dificultades lo que marca la diferencia entre un profesional que triunfa y uno que se deja vencer.

Tengas el carácter que tengas, si te decides a ser empresario debes adoptar el perfil de un ganador, no de un perdedor.

Un ganador se levanta con fuerzas todos los días (aunque tenga que tomar suplementos vitamínicos para ello). Es una persona muy activa, muy decidida, muy optimista. Un ganador planifica con antelación lo que va a suceder, no se deja llevar diariamente por los hechos que suceden (porque siempre sucederá algo imprevisto fuera de tu control). Un ganador organiza a las personas y a los recursos para cumplir con lo planificado (por mucho que hayan problemas de falta de dinero, recursos o personal). Un ganador coge el toro por los cuernos en caso de un problema y lo resuelve con buen humor (no se deja llevar por la histeria ni el mal humor de los demás). Un ganador sonríe justo después de haber recibido la peor noticia de su vida, y sigue trabajando como si nada. Eso es ser profesional.

Debes de adoptar una postura de empresario invencible. Y cuando te ataquen, no te preocupes por las cicatrices futuras, pelea como un león. Todos tienen que ver que eres un decidido empresario, con agallas y fuerza. Tienes que proyectar la imagen de ganador, pero sin ser prepotente, sin teatralizar ni alzar la voz. Que tus hechos hablen por ti. Y esos hechos úsalos como propaganda a tu favor.

¿Por qué es tan importante trasmitir esta imagen? El mundo de los negocios se basa en la confianza, y las personas solo la tienen en las personas que triunfan, o que aparentan triunfar. Si vas a un banco a pedir un crédito con la cabeza cabizbaja y sin un buen plan por escrito, olvídate del dinero. Si vas a presentar un presupuesto y te tiembla la voz y no das sensación de seguridad, olvídate de conseguir el trabajo. Si cuando hay un problema con un trabajador no afrontas el problema, sino te escabulles, los trabajadores te perderán el respeto, y suma y sigue. Nadie apuesta por un caballo perdedor, tiene que aparentar que va a ganar la carrera antes incluso de que empiece.

Durante tu vida como empresario lo normal es que te encuentres con personas que adoptarán una postura negativa frente a ti y tu negocio. Tienes que aprender a lidiar con ellas. Por mucho que tú te acerques a ellos no vas a poder hacerles cambiar de postura. Ten preparado el discurso que debes soltar sobre tu empresa, que deberás repetir hasta la saciedad. No servirá de nada, salvo que los hechos les confirmen que vas bien. Una vez vas triunfando, verás como ellos son los que te buscan y te *"doran la píldora"*. Cuidado con esos elementos, no son de fiar.

Es importante que te crees tu imagen y la cuides, como ya te comenté en el consejo séptimo. Y tienes que crearte un discurso. Tienes que poder resumir en un minuto lo que haces y lo que eres capaz de hacer. Siempre que tengas oportunidad suelta el mismo discurso al conocer a alguien. De esta forma no tendrás que preocuparte de lo que dijiste en una reunión en concreto, porque siempre te has presentado igual. Y los lobos, esos que tratan de cogerte por tus palabras, lo tendrán más difícil. Recuerda que eres *"esclavo de tus palabras, y libre de tus silencios"*.

Tener una imagen de empresario invencible y fuerte es importante. En el mundo de los negocios (y en la vida en general) las personas *"confunden amabilidad con debilidad"*. Muéstrate siempre amable y cortés, pero si se meten contigo directamente, no lo dejes pasar. Hay muchas personas que en cualquier conversación lanzan dardos envenenados. *"Quien calla otorga"* es cierto, y en este país lo más habitual es que cuando hay un problema se busca un culpable, alguien a quien lanzarle la pelota. No la recojas. Si te sientes atacado, defiéndete, pero no lo digas cabreado, sino sonriendo, el efecto será demoledor. Cuando escuches una frase que te haga saltar, encendiendo tu sentido arácnido (como Spiderman), la mejor frase que puedes decir es preguntar ¿Qué has querido decir con eso, que no te he entendido bien? Si la respuesta es evasiva, que es lo más normal, vuelve a preguntar directamente que quiere decir, pero con tranquilidad. Si te dejas llevar por tus emociones, seguro perderás los papeles y meterás la pata, perderás toda credibilidad. Si te notas demasiado cabreado/a para responder, respira profundamente y despídete, deja el enfrentamiento para otra ocasión. Los lobos buscarán continuamente tu punto débil para atacarte, no les ofrezcas tu yugular, y enseña tus dientes. Recuerda el refrán *"Jamás llegarás a tu destino si te dedicas a tirar piedras a cada perro que ladra, la envidia no muerde"*.

Si estás resolviendo un problema y de pronto un proveedor, un cliente o un trabajador te amenazan o trata de chantajearte, no te ofusques, ese es el recurso habitual de los que no tienen razón. Lo único que están haciendo es tirar de la cuerda todo lo que pueden a ver si tú cedes y cedes hasta hacerles el capricho. Hay verdaderos expertos en lograrlo todo a base de malos modos, pero tú no eres así, por lo que no juegues con ellos. Ponte firme en tu planteamiento, y no te muevas ni un milímetro. Recuérdales que el único acuerdo posible contigo es *"yo gano, tú ganas"*. Si ves que no ceden, rompe las negociaciones y vete, aunque aparentemente parezca que estás perdiendo. En realidad le estás diciendo que tú por ese camino no vas a ir. Verás cómo en cuanto la otra persona se enfríe y lo piense, vendrá a ti a volver a negociar. Y en ese momento tienes que ser inflexible, no le concedas sino lo mínimamente justo. Vendrá diciendo que lo ha pensado mejor, que puede que tengas algo de razón, y tratará de hacerte la pelota. No cedas en ese momento tampoco. Solo admite el *"yo gano tú ganas"*, y fíjate que en esta frase está primero el yo y después el tú.

Por otro lado, sé amable con todo el mundo, incluso con los que te tratan bruscamente. Detrás de cada profesional hay una historia personal y laboral tremendamente compleja, y tú nunca vas a tener toda la información sobre ellos, como mucho un esbozo. Por eso, no dejes de tratar a nadie, aunque sea tu competencia directa. Recuerda el refrán. *"Ten cerca a tus amigos, pero mucho más cerca a tus enemigos"*. Recuerda que las empresas que son tu competencia directa jamás te van a hacer daño, aunque algunas lo intenten. Si trabajan bien y tienen éxito, están dinamizando el sector donde tú trabajas, y eso te interesa. Si trabajan mal y no cumplen con los clientes, estarán poniéndotelos en bandeja para que tú los trates como se merecen, y harás buenos negocios. Cuando digo que seas amable, no estoy diciendo que seas débil, ni que cedas para evitar un conflicto mayor.

Sin llegar a ser un lobo, debes ser proactivo, optimista, extrovertido, debes controlar TÚ la situación. Si hay un problema con una persona o una institución (banco, proveedor, Hacienda, Seguridad Social, etc.) no esperes a que desaparezca solo, porque eso no va a ocurrir. Toma las riendas. Llama a quien tengas que llamar, sé tú el que haga la visita en persona, da la cara. Y coge siempre el teléfono cuando te llamen, que no digan que tratas de escaquearte. Tampoco seas arrollador, ni vayas pisando a los demás en tu camino con actitud prepotente. Trata a todo el mundo bien, y avanza con humildad, que tus hechos hablen por ti. Cuando alguien se enfrenta a los problemas, da siempre la cara, y llega hasta una persona y le dice por ejemplo: *"¿Cómo podemos hacer para resolver esto?"*, *"lo siento, no puedo ahora"*, está demostrando que clase de persona es en realidad. Lo más fácil es esconderse de los problemas, dejar de coger el teléfono, huir para no encontrarse con los demás. Pero esas actitudes no solo no te ayudaran a resolver el problema, sino que perderás lo más valioso que posees, que es la confianza que te tienen. Sin eso, no eres nadie, y terminarás ocultándote siempre por las sombras, agachando la cabeza para que no te reconozcan. Y siendo débil, recuerda que los demás se tirarán a tu yugular, hablarán mal de ti y te echarán la culpa de todos los males de la Tierra, porque todos hacen leña del árbol caído, porque, en una manada de lobos, el cordero no sobrevive.

Decimosexto consejo: Controla el crecimiento.

Imagínate un bebé, y las etapas que va a pasar para convertirse en un hombre adulto. Parece mentira que un pequeño ser humano de menos de 50 cm. pueda convertirse en un hombre o una mujer. Pero así ocurre, y vemos ese milagro en nosotros mismos y en los demás. Y no solo es físico, también es mental. Y nuestro hijo pasa de no saber ni hablar y tener que enseñarle todo, a que nos diga a nosotros que nos callemos, que no nos enteramos de nada. Así es la vida.

Lo que es importante es que ese crecimiento se produce de forma ordenada, lenta, paulatina, paso a paso. El cuerpo va creciendo proporcionado, ningún niño de 3 años tiene un fémur de 40 cm. como un adulto, sino que éste va creciendo según la edad del niño. A lo mejor nosotros, que estamos todos los días con nuestro hijo, apenas notamos la diferencia, pero de repente llega alguien que no lo ha visto desde hace tiempo y te dice lo cambiado que lo encuentra, y entonces eres consciente de que es verdad, de que no es el mismo niño que hace 3 meses.

A medida que va creciendo un hijo tienes que realizar innumerables cambios, desde la ropa y zapatos, el color del cuarto, los juguetes, la comida, etc. Y también van cambiando sus relaciones con los demás. Pasa de jugar en un parque de bolas a jugar en un castillo hinchable, para llegar al parque infantil y por último nada de lo anterior, porque ya se considera mayor y prefiere salir con sus amigos/as o quedarse en su cuarto encerrado.

Lo mismo ocurre con una nueva empresa. Los primeros meses todo es emoción por el nuevo ser creado, y todo se va cuadrando para que funcione bien. Hay que ir aprendiendo sobre la marcha, y siendo una empresa muy pequeña se establecen relaciones pequeñas con los demás: clientes, proveedores, publicidad, etc. A medida que se va creciendo algunas relaciones se van consolidando y otras desaparecen. Con el paso de los años ya se domina el entorno, y a medida que el negocio crece también crecen las necesidades de la empresa. El proveedor que antes te surtía ahora se queda pequeño, o tu negocio puede importar desde más lejos. El local inicial ya no te sirve, y tienes que buscar otro. El acceso al crédito y el movimiento del capital va cambiando a medida que trabajas con más dinero porque eres más libre y grande para establecer contactos a otro nivel.

Pero cuidado, la diferencia entre un niño y un negocio está clara. Mientras que un niño bien cuidado, alimentado y protegido siempre irá creciendo, no ocurre lo mismo con una empresa, que puede caer en el mejor momento o subir cuando nadie lo espera.

El crecimiento de una empresa es totalmente caótico si no lo controlas bien, y posee dos características: es ondulatorio y a saltos. Ondulatorio porque crecerá durante unos meses, y después llegarán las vacas flacas durante un tiempo interminable, para después volver a crecer un poco, y así durante toda la vida de la empresa. Y es a saltos, porque en cualquier momento todo lo que has construido se desmorona, y pega un bajón brutal, o tienes una buena oportunidad de negocio y creces de golpe cuando tú no lo esperabas.

El crecimiento del negocio no lo puedes dejar al azar. Tienes que seguir Tu Plan. Y como para el primer año habrás fijado unos objetivos, trata de cumplirlos a toda costa. Es muy fácil desviarse de lo trazado al oír cantos de sirena. Cuando empiezas en un negocio descubrirás que te salen muchas oportunidades de *"ganar mucho dinero"* con solo invertir algo del tuyo. Ten mucho cuidado o te caerás con todo el equipo.

He aquí algunas recomendaciones sobre el crecimiento de tu negocio:

- **Aunque tengas un Plan de empresa, la vida real es otra cosa** y sufrirás reveses que no esperabas, sobre todo económicos. Por eso tienes que tener un buen colchón para superar estos altibajos, porque solo uno de ellos te puede hundir. El día a día es como nadar en un mar embravecido, tienes que tener un buen salvavidas, y armarte de paciencia, mucha paciencia. Recuerda que nunca debes luchar contra una corriente, sino ir nadando en diagonal hasta salir de ella. Tienes que estar dispuesto a detener tus ambiciones por un tiempo, a dar varios pasos atrás con tal de seguir adelante. No te preocupes si tienes que despedir personal o mudarte a un local más pequeño, lo importante es que seas capaz de mantenerte financieramente.

- **Abarca en cada momento solo lo que realmente puedas cumplir.** Es un error muy común cuando se empieza el decir que sí a todo: comprar a muchos proveedores, aceptar a muchos clientes, gastar mucho en publicidad, etc. Si vas por ese camino verás como no podrás con todo, y quedarás mal al no poder cumplir o pagar. Por eso, si ya tienes clientes para esta semana no cojas más, habla con los nuevos y dales cita para la semana que viene. Si realmente quieren trabajar contigo, no te preocupes, te esperarán. Y si no te esperan tranquilo, habrá más. Tú realiza bien tu trabajo, cumple con los clientes que tienes y verás como no te faltarán. Recuerda que "el boca a boca" es la mejor publicidad.

Lo mismo ocurre con los proveedores. Si tienes uno que te funciona bien, cumple tú también con él. Por supuesto que debes buscar otras alternativas, siempre tratando de localizar buenos precios, tratando de hacer buenos acuerdos a largo plazo antes que pelotazos a corto. Lo importante es tener buenas relaciones con los proveedores, porque cuando haya problemas te echarán una mano.

- Contrata solo el personal que necesitas en cada momento. Por supuesto que a medida que vas creciendo necesitas una plantilla fija que sirva de base a la empresa. Pero el resto del personal contrátalo según tus necesidades temporales. Si resulta que trabajas por temporadas, procura tener personal fijo discontinuo, personas que harás a tu mano pero que solo las tendrás contigo en determinada época del año. Si te sale una obra o servicio muy grande contrata solo lo imprescindible para esa tarea, y cuando ésta termine no los dejes en la empresa.

- Minimiza al máximo los gastos corrientes. Mantente en un garaje donde solo pagas gastos si así puedes trabajar bien, y aunque las cosas te vayan viento en popa, no alquiles en el centro de la ciudad. Solo múdate o adquiere un nuevo vehículo cuando por razones operativas reales lo necesites, antes es una locura, porque todo lo que sube ya sabes que baja. Los gastos corrientes son capaces de arruinar cualquier bolsillo. No vivas por encima de tus posibilidades financieras reales.

- Cuidado con la adrenalina. Estás tan metido en tu trabajo que cuando las cosas van bien crees que todo es posible. Y así no piensas con la cabeza fría sino recalentada y henchida de éxito. ¡Peligro!, ¡Peligro! Respira profundamente antes de actuar. Como no controles la situación te vas a estallar, porque vas a empezar a realizar gastos indebidos, a asumir riesgos innecesarios, a contratar servicios o personal de más, a pedir dinero en exceso, etc. No tomes decisiones sobre la marcha, y menos en la primera reunión o toma de contacto (recuerda la frase que El Padrino le dice a su hijo: *"¿Qué te pasa?, ¿Se te ablandó el cerebro? Nunca dejes que nadie de fuera de la familia sepa lo que estás pensando"*). No llegues a acuerdos con nadie sin haberlos meditado bien. El mayor peligro para una empresa es un empresario que se cree invencible. La prepotencia debería ser considerada un pecado capital.

- **Espera a que baje para tú subir.** Tienes que conocer bien las fluctuaciones del mercado, tanto de tus productos/servicios como de tus clientes, y realizar el crecimiento a saltos en el momento adecuado. Aprovéchate de la oferta y la demanda. Cuando llegue el invierno, busca donde comprar zapatillas de primavera, para adquirirlas baratas y tenerlas en stock cuando llegue el momento de venderlas. Hay que ser más que previsor, hay que prever el futuro. Tienes que estar perfectamente informado/a de todo lo que va a suceder en tu ámbito profesional para adelantarte a las tendencias. Si haces surf, sabrás que la ola no se coge cuando ya está rompiendo, hay que subirse a ella cuando se está formando.

- **Desconfía de los éxitos rápidos.** Si cualquiera te viene vendiendo el negocio de tu vida, pregúntale por qué si ese negocio es tan bueno no lo ha hecho él ya. Si te sale una oportunidad de negocio en la que no cobras hasta el final, desconfía. Averigua todo lo que puedas sobre las empresas y personas involucradas, y no te arriesgues. Recuerda que un mal negocio puede hundirte la empresa y endeudarte de por vida. No te fíes en este sentido ni de familiares ni amigos. Solo realiza un trabajo y servicio si recibes un tanto por ciento de adelanto que te cubra los gastos iniciales y garantía de pago del resto. Recuerda que tú no puedes financiar a los demás. Tomando todas estas precauciones verás cómo algunos clientes dejarán de pagarte, así que imagínate si no las tomas.

- Cuanto más grande eres más impuestos pagas. Y si no tienes suficiente liquidez te puedes colapsar. Procura llevar una buena contabilidad, e ir reinvirtiendo en la empresa para que no tengas excesivos beneficios. Si tienes un local o un vehículo mayor, pagarás más impuestos. Por cada trabajador que incorpores, pagarás más. Por la compra de más material, pagarás más. Ten cuidado, porque las tasas e impuestos suponen todos los meses el quebradero de cabeza de cualquier empresario. Recuerda, de cada ingreso que recibas guarda una parte para impuestos, y olvídate de ese dinero, no es tuyo.

- Crece con personas de confianza. A medida que tu empresa crece, debes aprender a delegar. Busca personas que por sus hechos y carácter te den confianza, y vete asignándolos en puestos de responsabilidad y control. No crees una nueva sucursal o un nuevo departamento si no sabes a quién vas poner al frente. Ten en cuenta que en cualquier negocio solo las personas que te son leales no te roban, a las demás hay que controlarlas muy bien. Para eso debes apoyarte en la tecnología, con cámaras, sistemas informáticos e inspecciones al azar. Si no tienes capacidad de ejercer ese control, no crezcas.

- Ten abierta tu mente a nuevas oportunidades para crecer más. Que tengas que ser desconfiado no significa que no busques como crecer. Para ello debes valorar oportunidades de negocio y realizar campañas de promoción. Cuando tu empresa tenga un cierto tamaño deberás invertir en externalizar esta búsqueda. Hay muchas empresas que ofrecen servicios de asesoramiento en búsqueda y marketing.

- No tengas prisas por crecer. Consolídate antes de dar el siguiente paso. Al igual que uno no debe caminar a saltos con los dos pies juntos porque vas más rápido poniendo un pie después del otro, por la misma razón no debes dar varios impulsos a tu empresa al mismo tiempo. Solo si llegaras a convertirla en una multinacional, podríamos hablar de cómo impulsarla al mismo tiempo en varios escenarios distintos. De momento, tú que eres un pequeño emprendedor con un pequeño negocio, céntrate por favor en consolidar cada uno de tus progresos antes de avanzar al siguiente.

- **Piensa en el relevo.** Por mucho que queramos, lo siento, no somos ni inmortales ni incombustibles. Por lo tanto, debes tener siempre una persona que pueda sustituirte de forma temporal, aunque sea tu administrativo/a. Y por otro lado, si logras consolidar tu negocio y que tenga éxito, verás cómo vas envejeciendo hasta llegar un momento en que no puedes controlar la empresa que con tanto amor y sacrificio has sacado adelante. Si quieres que tu empresa muera contigo, es muy fácil, sigue tratando de dirigirla hasta que te dé un infarto. Lo difícil es que una empresa sobreviva a su empresario fundador. Solo el 30% llegan a la segunda generación, y solo el 5% llegan a la tercera. Para lograr traspasarla tendrás que tener un Plan de sucesión, e ir incorporando personas de confianza al negocio. Generalmente los negocios pasan a los hijos, pero no tiene por qué ser así, puede ser otro pariente o algún empleado de confianza. Te recomiendo que estas personas pasen por todas las partes del negocio durante varios años, que lo conozcan desde dentro. Y sobre todo, lo más importante, busca el momento de retirarte y hazlo con todas las consecuencias. Haz el relevo de verdad, no te quedes controlando el negocio a la sombra. Una vez que lo traspases, el nuevo empresario hará cosas que tú jamás harías, pero es que ahora él es el Jefe, un nuevo emprendedor con ideas propias. Respétalo y apóyalo. Como mucho, podrás quedarte de asesor externo para cuando te necesiten, no para cuando tú quieras intervenir. Puedes a lo mejor quedarte en un puesto normal sin responsabilidad, como chofer o repartidor, lejos de los puestos de responsabilidad. Y si algún trabajador te pregunta que hacer, tú le respondes que se lo que pregunte a su jefe, que tú ya no eres quien manda. No hay nada más hermoso que ver como ese bebé que criaste con tanto esmero es ahora un hombre y se labra su propio destino.

Decimoséptimo consejo: Es imposible quedar siempre bien con todo el mundo.

Muchos hemos pasado por el desagradable trance de haber tenido algún problema con alguna empresa de servicios, por ejemplo de electricidad o telefonía, y tener que lidiar con números de teléfono que no responden nunca y con servicios que no nos solucionan nada. En todas las grandes empresas hay un servicio específico de quejas y reclamaciones. ¿Qué ocurre?, ¿Todas las empresas hacen mal su trabajo, o es que todos los clientes somos unos quejicas?

Hay un principio fundamental que debes tener claro, *"Es imposible satisfacer a todos los clientes"*. Porque cada persona es compleja y tiene sus propios gustos que van a diferir del resto. Habrá cosas a las que no les darán importancia y otras que no las soportarán.

Recuerdo, trabajando en un hotel de playa, como unos clientes se quejaban de que su balcón daba a la cafetería donde de noche se ponían a tocar música para amenizar, y claro, no podían dormir. Obviamente, les buscábamos un cambio de ubicación. Pero también había clientes que repetían todos los años y que querían precisamente esa habitación porque les encantaba estar en su propio balcón, viendo la cafetería y tomándose algo disfrutando de la música. Esto es solo un ejemplo real de lo que puede ocurrir cuando ofrezcas tus productos o servicios.

En cualquier sector empresarial habrá clientes acostumbrados a una serie de productos y servicios. Antes de ofrecer los tuyos debes estudiar bien el mercado. ¿Qué es lo que se ofrece actualmente, con qué servicio, calidad y precio?, ¿Qué tipo de cliente es el que estoy buscando?, ¿Existen suficientes clientes potenciales para mi producto/servicio? Tal y como ves es imprescindible un buen estudio de mercado. Una vez tengas los resultados y conozcas tu futura clientela, debes hacerte preguntas como ¿Cubriré yo una necesidad real de los clientes?, ¿Es mi servicio/producto atractivo o tengo que hacerle modificaciones?, ¿Cómo tengo que venderlo para que sea comprado? Responder a estas preguntas es crear un plan de marketing. Pero esto no quiere decir que te limites a ofrecer lo que los clientes quieran, porque así no tendrás verdadero éxito. Para triunfar de verdad tendrás que inventar la necesidad de un producto/servicio que ni siquiera los clientes sabían que necesitaban hasta que llegaste tú. Tienes que solucionar un desequilibrio que tú mismo hayas creado, algo que tú les has hecho creer que es imprescindible.

Con respecto a este decimoséptimo consejo te puedo hacer las siguientes recomendaciones:

- **Define bien tu producto/servicio teniendo en cuenta los huecos en el mercado.** Si eres capaz de cubrir con ellos una necesidad que nadie haya cubierto anteriormente tienes el éxito asegurado. Puede ser algo que no existe, lo puedes crear desde cero. Ya enseñarás a los clientes para qué sirve y cómo usarlo (piensa en la revolución de los móviles, a ver si te han preguntado algo antes de crear tantas aplicaciones).

- **Crea varios productos o servicios**, o si es único que tenga la suficiente versatilidad para poder contentar con ellos a la mayor parte de los consumidores. Recuerda el ejemplo del hotel que puede contentar a casi todos sus clientes teniendo vistas al mar y a la montaña, al atardecer y al amanecer, a la cafetería y a la piscina.

- **Diversifica clientes.** No te quedes con un único cliente ni dejes que suponga más del 40% de tu negocio. Por muy bien que te vaya con él busca otros aunque el volumen de ventas sea menor. Piensa que pasaría si perdieras ese cliente tan importante, posiblemente te irías a la quiebra o tendrías que reducir tu empresa muchísimo despidiendo a la mayor parte de tu personal.

- No te diversifiques demasiado ni ofrezcas lo que no puedes dar. Si algún cliente te pide algo realmente muy costoso y difícil, puedes tratar de contentarlo, siempre que tengas muchísimos más clientes que te compren el producto/servicio tal como viene, y eso te asegure la entrada de liquidez para afrontar esos retos. Si tu economía depende de un trabajo demasiado complicado te puede salir mal y al final caer con todo el equipo. Recuerda a Ford como ofrecía su único modelo de coche.

- Nunca puedes contentar a todos los clientes. Por lo tanto, sabiendo desde el principio que tendrás clientes insatisfechos, crea un sistema de quejas y reclamaciones tan rápido y efectivo que aunque no puedas satisfacerles con el producto/servicio, al menos podrás canalizar su queja correctamente y podrán sentir que su reclamación ha sido atendida en tiempo y forma. Forma a tus trabajadores en cómo atender a un cliente insatisfecho para rebajar la tensión, tratándolo amigablemente, y lograr resolver lo que se pueda sobre la marcha. Que no te coja por sorpresa, ya sabes que siempre van a haber problemas. Muchos solo necesitan desahogarse. Podrás ver que casi todos los portales web tienen una página dedicada a preguntas y dudas frecuentes (FAQ's), haz tú lo mismo. Y distribuye una guía entre tus trabajadores sobre cómo resolver conflictos.

Todavía hay establecimientos que se resisten a entregar las hojas de reclamaciones. No cometas ese error. Los clientes que se enfadan mucho se les sube el ego, se ofuscan, y difícilmente van a entrar en razón. Si algún cliente se pone realmente pesado y quiere reclamar, que reclame, está en su derecho. Deja que canalice su energía escribiendo. No veas una reclamación como un ataque sino como una oportunidad de recoger información de lo que los clientes quieren. Seguro que a corto plazo puedes incorporar alguna mejora aprovechando las quejas sobre tus productos/servicios.

Recuerda el refrán que dice *"El problema no es nunca el problema. El problema es tu actitud ante el problema"*. Por lo tanto, aunque siempre tendrás clientes descontentos si los atiendes correctamente minimizarás el problema, y si además aprendes de ello, estarás convirtiendo un contratiempo en una oportunidad de mejorar.

Decimoctavo consejo: Mantén tus compromisos de pago al día.

Ten siempre presente que lo único que posee de verdad una persona es su palabra, nada más. Lo de firmar los documentos y que todo acuerdo se ponga por escrito es algo bastante nuevo. Durante siglos la firma era únicamente un símbolo de posesión, y solo los grandes dignatarios firmaban documentos, por su importancia y porque después debían ser distribuidos. Todos los demás mortales tenían, como única garantía, su palabra y la tradición oral, y la mayoría no sabía leer ni escribir. De hecho, en la isla de El Hierro, de la que procedo, algunas tierras todavía tienen como único título de propiedad la palabra de sus dueños. A medida que las tierras se iban dividiendo entre los descendientes la extensión de las *"hijuelas"* (trozos de tierra) eran trasmitidas oralmente de generación en generación. Esta tradición oral se ha ido perdiendo a favor de escrituras, notarios y registros de la propiedad.

En relación a tus compromisos de pago tienes que cuidar tu imagen personal y la de tu empresa, porque de ella depende la confianza que tengan en ti los demás, tal y como te expliqué en el séptimo consejo, donde te recordaba que uno es *"esclavo de sus palabras y libre de sus silencios"*.

La mejor forma de dirigir una empresa es llevar los compromisos al día. Esto significa que no debes endeudarte a largo plazo, ni esperar cobrar a largo plazo. Lo ideal es ir pagando a medida que realizas los trabajos. No te metas en nuevos proyectos sin haber abonado los anteriores. La crisis inmobiliaria del 2008 cogió a muchos profesionales metidos en un nuevo proyecto sin haber pagado el anterior, y debido a que la rotación del dinero se detuvo se quedaron colgados sin poder cobrar un trabajo ya realizado, y sin poder pagar un trabajo ya encargado y ejecutándose, arruinándose de por vida y arruinando a otros, todos cayendo en cadena. Que eso no te pase a ti. Los proveedores te darán crédito en función de la confianza que te tengan. Por un lado te ofrecerán un descuento en el precio de venta de los productos, y por otro, el retraso en el pago de la factura. Hasta la llegada de la crisis, los pagos a proveedores se realizaban normalmente a 30, a 60 y a 90 días, dividiendo el importe para facilitar el pago. Actualmente, debido a los daños económicos sufridos por la crisis que hizo que muchos proveedores perdieran mucho dinero o tuvieran que cerrar al no poder cobrar a sus clientes, se han reducido esos plazos, y muchos proveedores exigen el pago en el momento de retirar la mercancía. Y aunque esto te pueda parecer un perjuicio para ti, en realidad te están haciendo un favor. Cuanto más tengas que pagar sobre la marcha más precavido serás al usar tu efectivo y menos deudas contraerás, serás más libre financieramente.

Debes ir lo más al día posible, endeudándote solamente lo imprescindible. Y la mejor forma es ir pagando todo a medida que lo necesitas. Por supuesto, para poder pagar necesitas dinero en efectivo, y solo lo puedes tener si has cobrado ya a los clientes o si dispones de tu propia reserva. En caso de que los proveedores te permitan aplazar el pago, no te recomiendo aplazarlo más allá de un mes. El problema es que el futuro es incierto, te vendrán pagos imprevistos, y perderás el dinero que pensabas destinar al proveedor. Por eso, cuanto antes le pagues mejor, te va a tener en mayor estima y sobretodo una deuda menos en la cabeza.

Tienes que aceptar que vas a manejar deudas, porque sin deber nada a nadie no puedes llevar un negocio. Pero no te conviertas en uno de esos empresarios que se mantienen a flote debiéndole dinero a todo el mundo, malgastando el efectivo que le entra mientras les da migajas a los proveedores, y así mantenerlos lo suficientemente contentos para que no le corten el grifo. A medio plazo, ese tipo de empresario pierde la confianza de clientes y proveedores, y el negocio se le va a pique. Lo que ocurre es que estos empresarios, que rayan en estafadores, suelen abrir un nuevo negocio en cuanto le fracasa el anterior, y vuelven a mantener engañados a nuevos clientes y proveedores, y también a los trabajadores, a los que muchas veces los deja tirados debiéndoles nóminas.

Tienes que ser un empresario de palabra. Y si has acordado que el pago es a 30 días, trata de abonarlo antes de la fecha. No esperes a la última semana a ver si te entra algo de dinero. Si lo que ofreces es un producto o servicio que tardarás un tiempo en cobrar, puedes pactar con el proveedor ese mismo tiempo para pagar. Cuando cobres inmediatamente divide el dinero y paga al proveedor, cubre gastos, y el resto a la caja. El dinero desaparece entre tus manos sin darte ni cuenta, y si no pagas al proveedor en ese momento seguro lo perderás en cualquier otro pago *"importante"*.

Ya te he dicho que trates de no endeudarte con los bancos, por mucho que te ofrezcan. Por suerte estamos viviendo unos momentos de crisis en que les cuesta mucho prestar dinero, básicamente porque ellos no tienen. Pero eso, que en principio dirías que es un impedimento para tu negocio, en realidad es un beneficio para ti por varias razones. Primero porque te hacen trabajar para tu negocio, es decir, como solo conceden dinero a los proyectos realmente viables y bien trabajados, te ves obligado a trabajar mucho en tu Plan de Empresa. Tendrás que pensar mucho que vas a hacer y cómo, tenerlo todo bien planificado, por lo menos en el papel, y aprender a presentarlo de forma que sea apetecible, tienes que saber vender tu negocio. Esto es muy bueno para ti. Lo segundo es que te obligan a ser ahorrativo, y a pensarte hasta el mínimo gasto que tienes que realizar, porque ellos no te van a dar todo el dinero que tu pides, con suerte te darán la mitad. Y tú te preguntarás ¿Y yo con esta *"mierda"* qué hago? (y perdón por la expresión). No trates de forzar la situación, ni te metas a pedir dinero a capital privado o usureros porque te sacarán los ojos. No te metas con tu banco en una póliza de crédito demasiado generosa, ya te he comentado que la mejor póliza de crédito que existe es aquella que no tuviste que pedir. Y si tienes que solicitarla hazlo pensando en lo mínimo que puedes necesitar, porque es una verdadera trampa financiera.

Para poder mantener tus compromisos de pago al día tienes que manejar bien tus gastos y así disponer siempre de efectivo. Es como en tus finanzas personales, si te gastas todo a principio de mes, no puedes pagar después nada hasta el siguiente mes, y las semanas se hacen demasiado largas. Por lo tanto, se trata de ser humilde con los gastos para tener siempre efectivo, de valorar cada uno de ellos, y realizarlos solo cuando estás seguro que es necesario. Si tienes poco dinero gastarás poco, si tienes mucho gastarás más para hacer lo mismo. Por eso es imprescindible tener poco dinero disponible, para que no lo gastes en chorradas. Si eres austero en tus finanzas, ganarás dinero. Eso no significa ser tacaño y no pagar lo que hay que pagar, sino controlar bien tus euros hasta cuando compres un bolígrafo.

Si has quedado en pagar en una fecha determinada y ves que por circunstancias extraordinarias no vas a poder cumplir tu palabra, ya sabes lo que tienes que hacer: dar la cara antes de que te llamen a ti. Si es un proveedor local te vas en persona, planteas el problema y pagas lo que puedas. Explicas con sinceridad y humildad lo que ocurre, y cumples con las nuevas condiciones que pactes. Aunque te pueda parecer una tontería, es importante que cuando estés negociando deuda no fanfarronees de tu empresa, ni de tu nivel de vida, ni de tu nuevo coche, porque van a pensar que en realidad sí que tienes dinero, pero que no les quieres pagar. Por eso es tan importante ir siempre con humildad, aunque el negocio te vaya muy bien.

Recuerda que tienes que llevar una agenda de pagos, en la que figuren todos los pagos estimados tanto a las administraciones, proveedores y empleados. Así puedes ir calculando cuando dinero necesitas cada mes, y lo puedes ahorrar para que puedas cumplir con tus compromisos antes incluso de que llegue la fecha de vencimiento. Un empresario que no controla sus finanzas está destinado al fracaso. Mantén tus compromisos de pago al día, y si puedes pagar antes, mejor.

Decimonoveno consejo: Mantén tus compromisos de cobro al día.

Es muy curioso lo que les ocurre a muchos empresarios a la hora de cobrar, y es que les da vergüenza hacerlo, sobre todo si es a gente conocida. Les cuesta ir a sus clientes y pedirles que les paguen. También les cuesta reclamar un dinero cobrado indebidamente por un proveedor, y muchos lo dejan pasar.

Cuando alguien no paga, el empresario suele llamarlo un par de veces, y así van pasando las semanas y los meses. Algunas veces no le cogen el teléfono, y otras veces cortan la llamada. Otras veces el deudor responde, pero da excusas y plazos que el empresario sabe que no va a poder cumplir. Llega un momento en que ya le da vergüenza llamar. Si el empresario pone por encima la amistad al dinero, se olvida de esa deuda y sigue adelante, sin volver a nombrársela al deudor. Además hace falta invertir mucho tiempo y esfuerzo para estar encima de alguien, y un empresario no puede perder toda su energía y tiempo en tratar de cobrar.

Esta forma de actuar del empresario es usual sobre todo en personas como tú y como yo, que no nos entra en la cabeza no pagar algo que debemos. Pero ojo, hay personas que viven de gestionar el dinero que deben, no el que tienen. De todos modos, mi experiencia personal es que hasta el más honrado a veces no puede pagar, y pueden pasar años sin poder hacerlo, sobre todo si te embargan continuamente. Pero una cosa es no poder pagar, y otra es huir de la deuda con malas artes. Recuerda que hay que aprender a dar la cara con humildad.

Para que tu negocio funcione te tiene que entrar dinero, porque como ya te expliqué en el décimo consejo *"todo gasto se multiplica y todo ingreso se divide"*. Por lo tanto no sólo es imprescindible que cobres tus facturas, sino que además las tienes que cobrar cuando tú las esperas. Si se retrasan ya estás perdiendo dinero, porque cuando por fin te llega, se va en un instante pagando todo lo que has dejado atrasado.

Para evitar estos contratiempos, tienes que interiorizar que tienes que acostumbrar a tus clientes a pagar. Podrás pensar que es una tontería, que todos los clientes saben que tienen que pagar, pero la realidad es que los clientes tratan siempre de obtener su producto y servicio rápidamente pero después son reacios a soltar su dinero, por eso es fundamental crear el hábito de cobro en todos tus clientes. Voy a ponerte un ejemplo. Imagínate que tienes una tiendita en un pueblo. Y como apenas vendes, cuando te llega un cliente y te quiere comprar algo, en vez de que pague le dices que lo puede pagar poco a poco, o que se lo lleve y ya te pagará el mes que viene. De esta forma, venderás un producto, pero no cobrarás. Esa forma de pago pasará de boca en boca, y cada nuevo cliente querrá las mismas condiciones que el anterior. En poco tiempo habrás vendido bastante, pero habrás cobrado muy poco. Tendrás una estupenda libreta donde irás apuntando las deudas de los clientes. Y empezarán los problemas porque algunos clientes no podrán cumplir con sus compromisos de pago. Y tú te verás cada vez más atrapado, porque necesitarás dinero para comprar nueva mercancía pero no tendrás dinero para pagarla. Tampoco te podrás enfadar demasiado con los clientes morosos, porque corres el riesgo de no cobrar nunca. Y seguirás endeudado eternamente, convirtiéndote en un banco de préstamos, en vez de en una tienda. Así te será muy difícil salir adelante. Por eso las ventitas de toda la vida se quedan en eso, en pequeños negocios locales, no pueden

crecer porque están llenas de deudas, y los dueños no pueden invertir en mejorar. Espero que este ejemplo te haya abierto los ojos. La mayoría de los profesionales autónomos están atrapados porque más de la mitad de su cartera de clientes no les paga en tiempo y forma. Recuerda que si no te entra dinero tu negocio fracasará, y que tu principal objetivo es ganar dinero, no prestarlo. Por eso te hago algunas recomendaciones sobre la gestión de cobros:
- **Presupuesto previo con precio justo.** Todo cliente debe saber lo que le va a costar algo antes de comprarlo. Si tienes una tienda, pon todos los precios a la vista, y si lo que ofreces es un servicio, entrega un presupuesto previo con todos los gastos. Mucho cuidado con el precio que pones en ambos casos, asegúrate que vas a ganar dinero al cobrar esa cantidad. Uno de los errores más comunes es quedarse corto en los presupuestos, lo que te obliga a realizar un trabajo bien por el que encima no vas a ganar nada, sino que perderás dinero. Eso te llevará a pasarte la vida trabajando a tope pero sin ver beneficios. De nada te sirve vender muchos productos si cuando haces las cuentas resulta que encima tienes que poner dinero de tu bolsillo. Por eso es fundamental que calcules bien lo que te cuesta a ti el producto y/o servicio, y sobre esto le subas lo suficiente, porque con ese dinero vas a tener que pagar no sólo al proveedor, sino también a tus trabajadores, Hacienda, Seguridad Social, seguros, alquiler, transporte, etcétera y etcétera y etcétera. No compitas con las demás empresas por precio, compite ofreciendo servicio y calidad. A la larga fidelizas mejor a un cliente si lo tratas bien que si le vendes unos céntimos más barato. Eso sí, como el precio siempre tira, no dudes en ofrecer ofertas y rebajas puntuales.

- **Compromiso de pago.** Si un cliente te acepta un presupuesto, que te lo firme, y entrégale una copia. Psicológicamente tiene mucho más peso firmar un documento que decir que sí de palabra. Especifica la forma de pago. Además, en caso de que te vayan las cosas mal, siempre tendrás una prueba que te servirá para acciones posteriores.

- **Cobra por adelantado.** Si tienes una tienda, no permitas que ningún cliente se lleve un producto sin pagar nada. Lo ideal es que cuando un producto deja tu tienda tú recibas el 100% de su precio de venta. Eso te permitirá tener dinero para reponerlo y además recibir tus ganancias. Si ofreces un producto o servicio caro, puedes dar facilidades de pago, como abonarlo en 2 meses sin intereses, haciendo firmar un contrato, pero no dejes de cobrar al contado los productos asequibles. Con respecto a los servicios que ofrezcas, especifica bien en el presupuesto la forma de pago, y haz un contrato por escrito que lo firmen. En esa firma trata de cobrar al menos un 25%, para cubrir gastos de inicio. Explica que para tú poder afrontar el inicio del servicio necesitas disponer de efectivo inicial. La mayor parte de los clientes lo comprenderá. Si alguno te dice que no, que hasta que no vea que estás realizando el servicio no quiere abonarte nada, no te preocupes. Comienza a realizar el servicio, pero establece una cláusula de pago de que al inicio del servicio te abone una cantidad. Por ejemplo, si el servicio durará un mes, especifica que en la primera semana te abone al menos el 25%. Si no lo cumple, a la semana siguiente suspende el servicio y explícale por qué. Si no lo entiende y no quiere abonarte, olvídate de ese cliente, recuerda que tú trabajas para ganar dinero, no para financiar a los demás. Déjalo y busca a otro. Más vale perder una semana de trabajo que no cobrar nunca.

- **No corras tú el riesgo de vender a plazos.** Si vendes un producto o servicio caro, no asumas tú el riesgo de venderlo a plazos. Lo que tienes que hacer es buscar una empresa financiera especializada en venta a plazos, y llegar a un acuerdo con ella. Y cuando vendas un producto de este modo que sea la financiera quién asuma el riesgo. Por ello se llevará una comisión, cantidad que tú habrás asumido previamente en el precio de venta al público. Y si algún cliente quiere comprarlo al contado, ofrécele un descuento por esa misma cantidad. Así tu cobrarás lo que te corresponde y el cliente se quedará encantado porque comprando al contado le salió más barato. Así tú dispondrás del dinero sobre la marcha, y no tendrás que esperar a cerrar las cuentas mensuales con la financiera. Todos ganan. Además de esto, puedes cerrar un contrato con alguna empresa de Crédito y Caución para asegurar el resto de pagos aplazados de tus clientes.

- **Vigila tus facturas con los proveedores.** Una forma de ganar dinero es pagando menos por lo mismo. Vigila que el precio que te ofrecieron sea el que finalmente pagaste. Y aunque hayas llegado a un acuerdo satisfactorio, sigue pendiente del mercado, porque lo que fue bueno ayer a lo mejor hoy ya está desfasado. Tienes que estar pendiente de descuentos por volumen, por cambio de contrato o por estar fuera de temporada. Si no estás atento perderás mucho dinero. Y recuerda, puedes comprar barato si lo haces fuera de temporada.

- **Lleva una agenda de pagos.** Cuando alguien se comprometa contigo en realizarte un pago en una fecha determinada, apúntalo en una agenda delante de él/ella al mismo tiempo que le dices que lo estás apuntando. Y si estás hablando por teléfono haz lo mismo. De lo que se trata es de fijar en la memoria del cliente que se comprometió a pagar y en una fecha que tú sabes bien. Es increíble cómo funciona el subconsciente. A medida que se acerque la fecha de pago ese cliente va a recordar como tú lo apuntaste, y sentirá la necesidad de cumplir contigo, ese desequilibrio tenemos que usarlo a nuestro favor. Si se trata de una cifra importante, no dejes de avisar una semana antes de la fecha de pago al cliente con un amable correo en el que figuren los compromisos adquiridos por ambas partes. Que vea que para ti él es un cliente importante y que valoras la relación empresarial que tenéis.

- **Haz el seguimiento a tus cobros pendientes.** Si se pasa la fecha de algún pago y el cliente no pasa a abonar o no hace la transferencia, no dudes en llamarlo. Con una sola llamada en que lo localices es suficiente, de momento. Recuérdale la cantidad total, pregúntale cuando puede pagarla, y trátalo siempre de forma amable. Un cliente que realmente no pueda pagarte tratará de escabullirse y dejar pasar el tiempo. No lo hará por malicia, sino porque su subconsciente de supervivencia se activa, y piensa que si pasa el tiempo a lo mejor las cosas se arreglan y pasa el bache. Obviamente tú necesitas cobrar, pero sobre todo necesitas que se mantenga el vínculo de unión entre ambos. Por eso llévatelo a tu terreno y habla con él si de verdad puede o no puede pagar. Si realmente da la cara y habla contigo sinceramente, vas por buen camino. Si ves que sólo es un bache temporal, llega a un acuerdo de fraccionamiento de pago. Pero si ves que está tan mal que va a cerrar su negocio o que no va a poder pagarte en efectivo en mucho tiempo, relájate y llega con él a otro tipo de acuerdo. Si todavía le va a entrar algo de dinero, dale facilidades de pago, que te pague sólo una parte de la deuda. Si la cosa va tan mal que no va a tener dinero en mucho tiempo, negocia con él quedarte con material que el posea, desde

material de oficina hasta maquinaria. Quizás tú no cobres en efectivo, pero puedes recuperar algo.
- **Cuida más las relaciones que el dinero.** Aunque al final un cliente no pueda pagarte del todo, no dejes de tratarlo bien. Si ha sido honrado pero se ha visto en la imposibilidad de pagar, esa persona lo estará pasando muy mal porque en este país se hace leña del árbol caído, no formes parte de esos buitres que se abalanzan sobre el cuerpo todavía caliente. Recuerda que aunque el mundo parezca grande, esto es un pueblo muy pequeño y todos terminan conociéndose. ¿Qué imagen quieres que los demás tengan de ti? Así que vete seleccionando el grupo de personas con las que quieres relacionarte a largo plazo: puedes elegir a los que son como tú, trabajadores honrados, o a los que van de buitres por la vida, y encima se auto justifican diciendo *"esto es solo una cuestión de trabajo, no es nada personal"*. Y una mierda. Quien se ensaña con otra persona aunque sea en el ámbito profesional no vale demasiado moralmente. No te unas a esa gente. Porque aunque al principio parezca que alcanzan el éxito, en realidad se están rodeando de gente como ellos, gente que no es de fiar porque se pueden pegar una puñalada en cualquier momento, y poco a poco se irán quedando solos, agrupándose para auto justificarse, y al final se devoran entre ellos. A medio plazo nadie quiere trabajar con esta gentuza. Pero las personas honradas que respetan y tratan amablemente a los demás, incluyendo a sus enemigos o deudores consiguen mejores acuerdos comerciales y mayores beneficios. ¿Por qué? Porque te recuerdo que los negocios se basan en la confianza, ese valor subjetivo que se gana a base de trabajo bien hecho. Los mercados bajan y suben, y siempre hay problemas en las empresas que es necesario resolver con buena

disposición. Cuida más las relaciones que el dinero, y éste fluirá hacia ti.

- No tengas perdón con los que van de listos por la vida. Si has tomado todas las medidas previas que te he recomendado en este capítulo es difícil que te quede algo por cobrar. Pero si te encuentras con un deudor que va de listo, que te trata de estafar, que te engaña repetidamente, no malgastes tu energía en él. Si la cantidad es suficiente, búscate un abogado y a por él. Recuerda que hay profesionales del engaño, que van pasando de flor en flor estafando a los demás. Sólo hay una manera de pararles los pies y es meterlos en tantos follones que se queden tan enredados que ya no logren estafar a nadie más. Hay que ir creando una red que los vaya atrapando hasta que *"mueran asfixiados"*. Para ello hay dos herramientas fundamentales, la Ley y el boca a boca. Llama a tu abogado y vete por lo legal, denúncialo y llega hasta donde puedas contra él. Y aunque no puedas recuperar el dinero, lo importante es enredarlo e impedir que siga delinquiendo. Y también dale toda la publicidad que puedas al tema a través del boca a boca. Así conseguirás dos efectos: el primero es que nadie más del ramo se fíe de ese delincuente, y por otro lado, tú estás demostrando una posición de fuerza que es aviso para otros posibles mangantes. Es una noticia que correrá rápidamente y que te reportará beneficios intangibles. No esperes a que a ese *"chorizo"* tenga remordimientos y te pague, no lo hará. Pero tú si puedes pararle los pies.

- No seas rencoroso y perdona las deudas a las personas honradas. Estarás pensando que estoy loco, que cómo se puede seguir adelante si uno no cobra las deudas. Pero lo que yo te recomiendo es que no pierdas tu tiempo en pelearte por cobrar lo incobrable. Si alguien no te puede pagar, pero tiene buena predisposición, podrás llegar a cobrar de otra forma que no sea en efectivo. Piensa en esa persona, ¿Es emprendedora pero le han salido mal las cosas? Ponte en su lugar. Un verdadero emprendedor lo sigue siendo aunque le fracase el primer negocio, y el segundo, y el tercero y el cuarto. Muchas veces factores externos nos hacen fracasar, por muy buena predisposición que tengamos. Es más, es posible que tenga varios negocios abiertos a la vez, y unos le vayan bien y otros mal. A ti lo que te interesa es tener buena relación con este tipo de personas, porque son los que con su esfuerzo lograrán el éxito. Por eso habla mucho con él/ella, y si no te puede pagar haz que se sienta en deuda contigo, no sólo porque te debe dinero, sino por lo bien que lo has tratado. De esta forma, verás que no sólo te terminará pagando, sino que además seguirás haciendo nuevos tratos con esta persona y te recomendará a terceros. A la larga saldrás ganando. En el momento en el que tú le digas a un verdadero emprendedor que le has perdonado la deuda, que entiendes el momento tan malo que está pasando, y que no se la vas a exigir en mucho tiempo, esa persona cambiará su actitud, y se sentirá en deuda contigo. Yo me siento en deuda con algunas personas que no han tenido prisa en cobrar, y las tengo en alta estima.

- **Todo es una cuestión de esfuerzo y energía positiva.** Para que tu empresa tenga éxito y ganes dinero tú tienes que estar cargado de energía positiva, realizando acciones que le den valor a tu negocio, tratando bien a tus proveedores y clientes, creando una buena atmósfera de trabajo con tus empleados. ¿Crees que en ese ambiente tienen cabida el rencor y la venganza injustificada?, ¿Crees que tienen cabida los cabreos y los malos humos? La respuesta es no. No he visto nada más ridículo que esta situación: estar hablando con un empresario en un tono amable y cortés, y que de repente le suene el teléfono o hable con otra persona y utilice un lenguaje agresivo y malhumorado, para seguidamente volver a hablar contigo en un tono sosegado y amable. Es de chiste. Yo no me fío de las personas que tratan mal a los demás. He huido siempre de este tipo de individuos y te recomiendo lo mismo, porque ¿Cómo sabes que mañana no serás tú su víctima? Un empresario honrado también es sosegado y amable, que no significa ni inactivo ni débil. Por supuesto que en un momento determinado podrá cabrearse, pero será puntual, todos somos humanos. Pero no malgasta su energía positiva en peleas sin sentido, ni en estar todo el día enfadado con el mundo. ¿Tú quieres vivir enfadado? Yo no, yo busco ser feliz todos los días. Los que van cabreados por el mundo de los negocios terminan con un infarto. Para mantener tus compromisos de cobro al día deberás infundir confianza y honestidad, generando un buen ambiente de relaciones humanas y profesionales. Piensa que cualquiera de las personas con las que trates te las puedes encontrar cuando estés paseando con tus hijos, ¿Qué harás, levantarás la cabeza o escurrirás el bulto?

Vigésimo consejo: No podrás escapar de las deudas.

Un emprendedor como tú tiene todas las de ganar. Si creas un proyecto viable, dispones de los recursos para empezar, cuidas mucho tus finanzas y tus relaciones con trabajadores, clientes y proveedores, y estas al día en cobros y pagos, verás cómo vas saliendo adelante. No dejes de ponerle empeño, imaginación, innovación y buen humor a tu trabajo y lo demás vendrá solo. Como en este país todo el mundo se apunta al caballo ganador, cuanto mejor te vaya más oportunidades de negocio te saldrán. Cuidado con los cantos de sirena. No olvides formarte y mantenerte informado/a. Vigila que tanto esfuerzo no te sobrepase y no puedas cumplir, o te pase factura personal. Se trata de ir poco a poco, con unos objetivos claros, y tratando bien a todo el que pasa por ti, especialmente a tus trabajadores y clientes. Se trata de una apuesta a largo plazo, no desesperes si ves que todo va más despacio de lo que esperabas, es normal. No fuerces ni las finanzas ni el trabajo por querer ir más rápido, porque te puedes caer con todo el equipo. Adelante, y recuerda que emprender es como correr una maratón, habrán buenos y malos momentos, pero lo importante es que vayas al ritmo que puedas y que disfrutes del recorrido, porque si no lo haces así, no llegarás a la meta, o si llegas a la meta te darás cuenta de que tanto esfuerzo no ha servido de nada. El éxito de un negocio no lo da el conseguir un objetivo o ganar mucho dinero, sino que lo da la satisfacción de estar donde quieres estar, realizando tu sueño. Y cuando mueras, de nada te va a servir estar podrido de dinero, no podrás llevártelo contigo. Tu vida habrá terminado: si la has aprovechado, Felicidades, y si no, ya será tarde.

Y ahora que tienes tu empresa funcionando y que estás trabajando en ella, vuestros destinos están unidos para siempre. Desde ese momento ya no eres fulanito, sino fulanito el de la empresa *"como se llame"*. Para bien y para mal, difícilmente podrás separar tu empresa de ti. Revisa el segundo consejo que te di, para que tengas claro dónde está la frontera entre ambos.

Si eres una persona honrada y decente pagarás adecuadamente a quien le debas dinero, sea administración, proveedor o trabajador. Si eres una persona honrada y decente, aunque en algún momento te vayan las cosas mal seguirás haciendo el esfuerzo para seguir pagando en tiempo y forma. Si eres una persona honrada y decente, no puedes concebir dejar de pagar a nadie aunque a ti te vaya muy mal.

Ahora te voy a mostrar como quiebra un negocio. Imagina que a pesar de haber planificado y desarrollado bien tu empresa ves que no está funcionando, y que cada vez te estás endeudando más. Haces ajustes de personal y de gastos, pero sigues perdiendo dinero. Empiezas entonces a tener problemas para pagar a tus empleados o proveedores, e incluso a las administraciones. Haces el esfuerzo con la esperanza de las cosas mejoren, pero ves que no levantas cabeza. Cada vez vendes menos. Entonces empiezas a retrasar pagos, a dejar de comprar, o buscas financiación externa, y ves que eso es *"comida para hoy pero hambre para mañana"*. Te sigues endeudando, y metes dinero personal en la empresa. Eres consciente de que está llegando el momento de cerrar, pero no te atreves, porque te sientes parte del negocio y sientes que si fracasa tu empresa estás fracasando tú. Si no paras esta espiral negativa, dejarás de pagar a trabajadores, a proveedores, y lo que es peor aún, a las administraciones públicas. Terminas echando a los trabajadores, quedándote tú solo/a, quizás contando con la ayuda de tu pareja. Las facturas sin pagar se acumulan, y aunque tienes producto no logras venderlo antes de que llegue el cobro del proveedor, por lo que ya no puedes comprar más y te quedas con un stock que no logras vender. Por fin te decides a cerrar, pero ya es demasiado tarde. Sólo te queda la opción de declararte en concurso de acreedores, porque las deudas son enormes. Pero no puedes hacerlo por las deudas personales. El problema es que los créditos los has avalado con tus propiedades personales, y tampoco tienes con que responder a las deudas. Las administraciones públicas hacen derivación de responsabilidad, y lo que era deuda de la empresa ahora se convierte en deuda personal, y te embargan las cuentas y las propiedades personales. Al final quizás logras renegociar con los bancos para pedir créditos que incluyan la póliza de crédito y todos los gastos bancarios generados de tu bancarrota. Malvendes o regalas el stock que te queda. Si logras conseguir un trabajo de empleado en cualquier empresa la Seguridad Social o Hacienda te embarga la nómina para asegurarse el cobro. Y tú, hundido en deudas, eres consciente de que tu aventura de emprender te ha salido tan cara que puedes perderlo todo (incluida la casa y el coche) y aun así, seguir endeudado de por vida. Pasan los meses y has dejado deudas por todos lados, no tienes ni para poner gasolina. Lo que te ha ocurrido a ti no le sucede a los empresarios sin conciencia, esos delincuentes que a la primera de cambio dejan a todos colgados, incluyendo proveedores, clientes y trabajadores, y cierran la empresa o simplemente desaparecen. Y después, al poco tiempo se establecen en otro lugar y abren otro negocio con el que tratarán de embolsarse lo máximo posible hasta que tengan que abandonarlo de nuevo. Y es tan compleja la sociedad actual que pueden moverse como tiburones durante unos años haciendo mucho daño. Pero al final terminan solos, porque a no ser que se vayan a otro país este es demasiado pequeño y todo se termina conociendo.

La vida sigue, y tú que por tratar de ser honrado te has endeudado hasta las ojeras, tienes dos opciones, y las dos tienen consecuencias. Una es hundirte en la miseria, lamentarte por lo mal que salió todo y deprimirte hasta lograr salir del agujero que te has metido, convirtiéndote en un fracasado. La otra opción es levantar la cara cada mañana, sonreír y decir, esta vez no salió bien, pero no fracasé sino que aprendí. Salir a la calle y disfrutar de las pequeñas satisfacciones de la vida, meditar mucho sobre los errores cometidos, y volver a reinventarte para salir de nuevo adelante.

Reinventarse, esa es la palabra clave. Cuando a un verdadero emprendedor le falla un negocio, el periodo de luto suele ser corto. Si es listo analizará que fue lo que falló, y porque no salieron las cosas bien. Pero no se va a detener mucho tiempo en visualizar el fracaso. Enseguida irá a por su siguiente idea de negocio. A pesar de las limitaciones económicas, de las trabas administrativas, de las negativas de financiación, de cómo en este país se penaliza al que lo intenta de nuevo, de cómo se machaca al que ha caído, buscará como volver a emprender aunque para ello tenga que trabajar un tiempo por cuenta ajena o tenga que formarse en algo nuevo. No le importa, porque él/ella sabe lo que quiere, que es trabajar para sí mismo/a y tener éxito haciendo algo que le gusta.

Para que no te quedes endeudado en caso de que tu negocio no salga ya sabes que tienes que ser austero y comedido, e ir pagando a medida que generas gastos, para no quedarte con deuda. Recuerda lo fácil que es gastar 1000 € pero lo que cuesta ganarlos como beneficio.

Cuando tienes una empresa, vas a manejar una cantidad de dinero que como empleado jamás pasará por tu mano. Si no vigilas bien tus gastos te puedes quedar con deudas que para una empresa es un importe bajo, por ejemplo esos 1000 €, pero que para una persona que no tiene trabajo es una deuda impagable. Sigue mis veinte consejos, y si logras cerrar un negocio sin que te afecte demasiado económicamente, podrás dedicarte rápidamente a una nueva actividad empresarial sin que tu imagen y economía se dañen.

Esa es la clave. No existe mejor aval de tu éxito que tu propia experiencia previa y tu empuje. ¿Y cuántas veces tendrás que caer para lograr estabilizarte? Todas las que sean necesarias. Como emprendedor nunca tendrás la seguridad absoluta, pero eso no te lo dará ni el mejor empleo del mundo, porque de cualquiera te podrán despedir. Pero ¡Quién quiere seguridad cuando puedes tener tu propio negocio!

Y aunque no puedas escapar de tus deudas, porque las personas decentes no huimos de nuestros compromisos, si puedes minimizar los daños de forma que quedes bien con los trabajadores (aunque los hayas despedido), los proveedores (aunque les hayas fallado con algún pago), los clientes (porque no hayas podido seguir satisfaciendo la necesidad que tú cubrías) y las administraciones públicas. Así cuando vuelvas a la carga tendrás no sólo más experiencia, sino que podrás ir con la cabeza alta sin tener que esconderte de nadie. Podrás llamar de nuevo a trabajadores, proveedores y clientes si los necesitas. Estarán ahí esperándote.

4. Agradecimiento, y como perder el miedo a sobrevivir en la sociedad del pelotazo.

Has llegado leyendo hasta el final del libro, algo que te agradezco profundamente. Eso significa que he logrado mi objetivo, mantenerte lo suficientemente enganchado para que pudieras leer mis 20 consejos. Gracias de nuevo. Supongo que si te ha interesado es porque sientes un desequilibrio en tu interior, algo que te dice que trabajar para otros no es el camino, que tú tienes que trabajar para ti.

La finalidad de este libro no es que lo leas y se quede ahí. Ahora, que conoces algunos de los entresijos de la actividad empresarial tienes que ponerte a andar. Por muy duro que sea el camino sólo te puedo decir que no hay nada como ser empresario, como decidir tu futuro día a día. Es lo mejor que te puede suceder laboralmente en esta vida aunque fracases varias veces en el intento. Pero lo importante es disfrutar del camino. Si no lo haces, de nada te servirá llegar a la meta. Y si ya eres empresario o empresaria, estoy seguro que estos consejos te servirán para reorientar tu negocio y mejorar tu futuro.

Lo primero es perder el miedo. Tienes que vencer el miedo a fracasar, a lo que pensarán los demás. Sólo cuando te das cuenta de que tienes que tomar tus decisiones sin importar lo que opinen los demás, entonces serás capaz de dirigir tu propia vida. No te preocupes si cuando emprendes la gente te deja solo/a, porque no podrán comprender tu empeño. Según ellos es *"complicarte la vida"*. En España casi el doble de inmigrantes abre un negocio en relación a un autóctono. ¿Por qué?, porque ellos ya han superado el miedo cuando dieron el paso de emigrar. Les es más fácil emprender una nueva aventura. Pues imagínate que abrir tu propio negocio es como emigrar, como empezar una nueva vida. ¡Qué gran oportunidad tienes de cambiar tu futuro! Cuando inicies tu andadura te vas a sentir un bicho raro. Eres un punto negro en la sociedad que te rodea. La mayor parte de las personas sueña con sacar una oposición y tener un trabajo, con horario fijo y salario fijo para el resto de su vida. Por ello no sólo no te entenderán sino que te sentirás nadando contra corriente. Además la sociedad y las administraciones públicas están configuradas para que la gente sea asalariada (y si no lo crees, pregúntate por ejemplo cómo vas a poder comprar algo a plazos si no tienes nómina)

Tú que has decidido dedicarte a tu propio negocio durante años, con muchas vacas flacas y algunas gordas, vas a chocar con el resto los empresarios tiburones, que ante cualquier dificultad huyen como ratas. Porque lo que se fomenta en este país es la sociedad del pelotazo, en la que si ahora lo que se venden son piruletas, pues todo el mundo a hacerlas, y cuando se acabe la moda cierran todos dejando colgados a proveedores y trabajadores. De esto tienen la culpa también los políticos y las administraciones públicas que fomentan por medio de subvenciones unos sectores determinados en una época, para fomentar otra actividad en los años siguientes. Y así hay empresarios que van saltando de subvención en subvención, viviendo de ello. No tienen intención de crear riqueza, ni tejido empresarial, ni productividad ni crecimiento a largo plazo, sino solo ganar mucho hoy, cueste a quien le cueste, y sin dejar nada para mañana. Es la sociedad del pelotazo, en la que tantos han ganado demasiado dinero ilícitamente. Y así va el país ahora. Los estados se están rasgando las vestiduras queriendo imponer, a toro pasado, medidas de control al empresariado corrupto. Veremos que consiguen. Y mientras tanto, nos suben los impuestos inmoralmente para cubrir los agujeros que han dejado los bancos y algunos políticos y sindicalistas corruptos. Desgraciadamente en esta sociedad en la que vivimos da la sensación que el premiado es el que va de listo. Porque el que paga todos sus impuestos y cumple todas las normas no encuentra sino dificultades en su camino y le cuesta mucho levantar cabeza, si es que lo logra. Y mientras tanto, ve al listo de turno como monta un negocio (sin ni siquiera licencia, ya se la darán...), gana mucho dinero y lo cierra, dejando todo colgado para montar otro al poco tiempo. Esa gente se aprovecha de uno de los peores defectos de nuestra sociedad: el amiguismo. Todos esos tiburones tienen contactos que tú no tienes y con los que se enteran de subvenciones y ayudas antes que nadie, consiguen favores en bancos y otras empresas que jamás alcanzarás y acceden a información privilegiada que tú ni olerás. Unido al caciquismo que se respira en los municipios, es una combinación mortal. El amiguismo lleva al enchufismo, a tener manga, todos estos sinónimos de la verdadera palabra: Corrupción. Yo te recomiendo que no te dejes tentar, no te aproveches de la corrupción para tus objetivos. Antes de meterte en ese juego sucio, hazte dos preguntas ¿Ese es el país que quieres para tus hijos, uno donde no importen los méritos propios sino lo corrupto que seas y lo enchufado que estés? y ¿Qué vas a tener que dar a cambio de los favores? Si caes en la red corrupta ya no podrás escapar, porque te harán favores, sí, pero después también te los pedirán. Te recomiendo que evites esos contactos con amabilidad y cortesía, sin ganarte demasiados enemigos. Hay algo que vale mucho más que el éxito pasajero, y es la Libertad. Y si te has hecho empresario es porque la anhelas a manos llenas. No vendas tu alma.

Ya sabes, te ha tocado vivir en terreno hostil: una sociedad con corrupción y malas artes, con unas administraciones públicas que apenas ayudan a los emprendedores, unos bancos que te sangrarán hasta matarte, unos conocidos que no te comprenden ni ayudarán, y un montón de gente y empresas alrededor que te ofrecerán *"el oro y el moro"* cuando huelan tu dinero, y que te abandonarán cuando ya no lo tengas. Pero tú sabes cuál es el camino correcto, el de la honradez y el trabajo bien hecho, así que síguelo. Da lo mismo lo que hagan los demás, lo importante es la satisfacción personal de luchar por lo que uno quiere con honestidad. Ese premio es sólo para ti.

No querría que te quedaras al final del libro con un sabor de boca negativo y pesimista, pensando en la corrupción y en los chanchullos. Yo reboso optimismo y espero que tú también. Piensa que en esta sociedad también hay muchos trabajadores y empresarios honrados y luchadores. Hay muchos funcionarios y funcionarias que tratan de hacer el mundo mejor cada día, dándolo todo en su trabajo y ayudando a las personas. Y muchos políticos honrados que sólo quieren lo mejor para todos, con *"sentido de estado"*. Gracias a todos ellos estamos disfrutando de lo que tenemos. Vivimos en un país maravilloso, donde se puede trabajar y vivir en libertad y con grandes oportunidades. Me siento orgulloso de vivir aquí, y sé que entre todos podemos hacer que todo vaya mejor.

Por último, recordarte que tienes que disfrutar de tu vida. Aunque para los creyentes haya otra, ahora nos ha tocado vivir esta, y tenemos que disfrutarla al máximo. Si has escogido el camino emprendedor sabes que es un camino muy duro y sacrificado, en el que muchos días parecerá que has caído a un foso. Cuando realices tareas que no te gusten hazlas todavía con mejor ánimo, piensa que son necesarias para poder llegar a las que realmente disfrutas. Que nada te robe la ilusión y el buen humor, comparte tu entusiasmo con los demás en tu negocio y en tu familia. Aunque fracases, aprende de ello, comunica tus hallazgos y vuelve a levantarte, demuestra a ti mismo/a y a los demás de que pasta estás hecho/a. Eres **emprendedor/a**, y eso nada lo va a cambiar. Comparte con los tuyos tus éxitos y consuélate de los fracasos cuando lo necesites, pero sobre todo disfruta de la suerte que tienes de tener personas que te quieren, Felicidades. Y tal como dijo Elbert Hubbard, ensayista estadounidense: *"No te tomes la vida demasiado en serio, al fin y al cabo no vas a salir vivo de ella".*

Matías Fonte-Padilla.
Santa Cruz de Tenerife, diciembre de 2013
"Crea tu futuro. Será duro, pero será tuyo"

SOBRE EL AUTOR

Matías Fonte-Padilla nace circunstancialmente en Caracas (Venezuela) en 1970. A los dos años de edad retornó a España con sus padres, emigrantes canarios, que se establecieron en la Isla de El Hierro, Canarias, de donde eran originarios. Se crio en el pueblo costero del Tamaduste, donde disfrutó de una infancia inolvidable. A los 18 años se trasladó a la isla de Tenerife para estudiar en la Universidad de La Laguna.

Biólogo y Docente, comprometido con el desarrollo sostenible y con la transparencia de las administraciones públicas y empresas privadas en la gestión ambiental. Posee una experiencia laboral polifacética y variada. Entre sus profesiones están las de instructor de buceo deportivo, comercial informático, director de escuela taller, capataz agrícola, técnico de impacto ambiental, de prevención de riesgos laborales, biólogo de reserva marina, técnico de calidad, docente de enseñanza secundaria y de formación profesional, relaciones públicas de hotel, guía de cetáceos, alférez de la reserva voluntaria del Ejército de Tierra, etc.

En la actualidad reside con su mujer en la isla de Tenerife, Canarias, tiene dos hijos naturales y dos postizos; dirige proyectos ambientales, actividad que compagina con la docencia, conferencias, la escritura y otras actividades.

Es autor del libro *"El tráfico no tiene solución. La Ciudad comunicada"*, donde plantea que la ciudad es para las personas y no para los coches, apostando por una ciudad sostenible, amable y comunicada.

La última empresa que tuvo se fue a pique, y estará endeudado hasta las orejas hasta los siglos de los siglos. Pero es feliz y sigue adelante. Vida solo hay una.

BIBLIOGRAFÍA Y WEBS RECOMENDADAS.

Hay muchos libros y webs sobre organización empresarial. Están de moda libros y cursos de autoayuda. Trata de leer todos los que puedas siempre que no sean demasiado teóricos. Te interesan libros frescos, con casos de éxitos, donde se planteen problemas y sus soluciones de forma clara que te abran la mente. Ten la manía de leer, como yo. Durante toda tu vida vas a tener que formarte si quieres crecer como persona y empresario/a. No te creas todo lo que leas ni lo aprendas de memoria, incluyendo este libro. Lo importante es que vayas haciendo criterio propio para que crees tu propia *"Guía del empresario"* que te ayude con todas esas miles de decisiones que tendrás que tomar. Te recomiendo que leas biografías, de artistas, científicos o políticos, da igual, porque todas enseñan cómo afrontar los problemas.

He aquí una breve selección de algunos libros y webs, que sigo consultando periódicamente y me han gustado porque me han ayudado a plantearme preguntas sobre mi forma de hacer las cosas. Solo nombro autor y título, porque pueden haber sido publicados por varias editoriales.

- **¿Quién se ha llevado mi queso?** Spencer Johnson.
- **Cómo ser el Mejor Líder.** Michael J. Langdon.
- **Emprender un negocio para Dummies.** Colin Barrow
- **Gente tóxica.** Bernardo Stamateas.
- **Isaac Asimov. Memorias.** Isaac Asimov.
- **La semana laboral de 4 horas.** Timothy Ferriss.
- **Liderazgo.** Rudolph Giuliani.
- **Poder sin límites.** Anthony Robbins.
- **Steve Jobs.** Walter Isaacson.
- **Walt Disney. El hombre y el mito.** Jorge Fonte.
- www.ideasparapymes.com, www.emprendedores.es

www.ingramcontent.com/pod-product-compliance
Lightning Source LLC
Chambersburg PA
CBHW072208170526
45158CB00002BA/506